Yn ôl i'r Dref Wen

Golwg ar Ganu Heledd
a Chanu Llywarch Hen

Argraffiad cyntaf 2015

ISBN 978-1-906396-84-8

Cyhoeddwyd gyda chymorth ariannol
Cyngor Llyfrau Cymru.

Cyhoeddwyd gan
Gyhoeddiadau Barddas.

Argraffwyd gan Y Lolfa, Talybont.

Yn ôl i'r Dref Wen

Golwg ar Ganu Heledd
· a Chanu Llywarch Hen ·

Myrddin ap Dafydd

Cyflwynaf y gyfrol er cof
am y diweddar annwyl
R. Geraint Gruffydd.

Cynnwys

Rhagair

Dyma'r agosaf y dof i at sgwennu testun academaidd, mae'n debyg gen i. Mae hynny ynddo'i hun yn rhoi gwên fach ryfedd ar fy wyneb i.

Mae gen i barch mawr at ysgolheigion ac mae arna' i ddyled fawr i'w llafur uwch llawysgrifau mewn llyfrgelloedd, yn datrys a dyfalu'r llythrennau sydd wedi cadw ar femrynau farddoniaeth hynaf y Gymraeg. Drwy hir astudio, maen nhw'n medru canfod gwreiddiau ystyron geiriau hynafol, diweddaru testunau a rhoi gweledigaeth o lenyddiaeth gynnar inni.

Mae gen i barch mawr at archaeolegwyr hefyd. Maen nhw'n dechrau arni gyda rhawiau a gorffen gyda brwsh shafio. O ychydig gerrig, lliwiau gwahanol haenau o bridd, briwsion cyrn a sglodion fflint, maen nhwythau'n medru adrodd stori wrthym.

Er imi gael cyfle yn fyfyriwr i agor y porth academaidd, doedd hwnnw ddim yn apelio ar y pryd. Roedd pethau mwy na manion, fel y gwelwn i nhw, yn mynd â'm sylw. Efallai mai agwedd un darlithydd at ramadeg a chystrawen gynnar y Gymraeg wnaeth imi oeri at y maes. Câi bleser enfawr o nodi yn ei ddarlithoedd, y tu ôl i gefn ei law, bod arwyddion gramadegol sicr fod y Gymraeg ar fin marw. Gwawdiai ymgyrchwyr iaith am fod eu hymdrechion mor ofer. Cadwai'i ben wedi'i gladdu yn ei droednodiadau tragwyddol tra oedd y testun ei hun yn diflannu'n fwg o flaen ei lygaid. Ond nid ei le o oedd diffodd y tân. Bu'n ddigon i greu adwaith gwrth-academaidd ymysg rhai o'i fyfyrwyr.

Yr oedd, er hynny, un darlithydd yr oeddwn yn gwneud

ymdrech arbennig i fynd i wrando arno. Roedd gan R. Geraint Gruffydd angerdd yn ei lais wrth drafod yr Hengerdd. Daeth â'r cyfnod a'r cerddi yn fyw inni ac roedd elfennau yn y canu ei hun oedd yn cyffwrdd â rhywbeth yn ddwfn y tu mewn i mi. Ef oedd yn gyfrifol am wneud englynion y Canu Cynnar yn hoff faes fy astudiaethau coleg imi.

Wrth baratoi'r gyfrol hon, rwyf wedi gorfod dibynnu ar lafur sawl cenhedlaeth o ysgolheigion er mwyn pontio at eirfa, gramadeg, crefft a meddylfryd yr Hengerdd. Ers dyddiau darllen *Yr Aelwyd Hon* yn y chweched dosbarth ac *Y Traddodiad Barddol* yng nghanol y saithdegau, mae Gwyn Thomas wedi cynnig arweiniad clir a difyr imi i'r cyfnod a'r cerddi yn ogystal. Rwyf hefyd yn ddyledus iddo ac i Gyhoeddiadau Barddas am eu caniatâd i ddefnyddio ei ddiweddariadau o'r canu gwreiddiol sydd wedi'u cyhoeddi yn y gyfrol *Hen Englynion* yn gynharach eleni.

Yr unig gymwysterau penodol sydd gen i ar gyfer trafod y maes hwn ydi cerdd dafod, cariad at ddarllen mapiau a hoffter o wneud jig-sos (wel, un bob Nadolig). Heddiw mi fûm yn y tri maes a'm cael fy hun yn llythrennol mewn cae ar y ffin bresennol rhwng Cymru a Lloegr.

Chwilio am le o'r enw 'Rhodwydd Forlas' y bûm. Mae cyfeiriad ato mewn englyn yng Nghanu Llywarch Hen. Yno, yn y canu hwnnw, y bu'r hen ryfelwr yn gwylio'r ffin er mwyn rhybuddio Brythoniaid ei lwyth pe bai haid o wŷr Northumbria yn dod am y rhyd a fyddai'n eu harwain at eu tai a'u ffermdai. Mae nant o'r enw Morlas i'r dwyrain o afon Ceiriog. Mae i'w chanfod yn rhwydd ar Gŵgl-map a gellir dilyn y nant o Selatyn heibio Glynmorlas ac i lawr hafn gul a choediog nes ei bod yn cydlifo ag afon Ceiriog.

Yn yr ardal hon, mae'r ffin bresennol rhwng Cymru a Lloegr yn dilyn afon Ceiriog. Yna, mewn lle o'r enw Pont y Blew, mae'n gadael gwely'r afon, yn dilyn ffordd gul ar ddwy ochr cae at gornel lle mae'r ffordd a'r cae yn cyfarfod nant Morlas. O'r fan honno mae'r ffin yn troi i'r gogledd ac yn dilyn afon Morlas yn ôl at afon Ceiriog. Mae'r un cae hwn (32 isod) felly yng Nghymru, er ei fod ar 'ochr Lloegr' i afon Ceiriog.

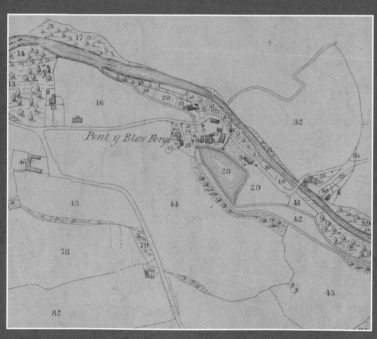

Pont y Blew

Mae llwybr drwy'r cae,
yn arwain o'r bont ar hyd
glan ddwyreiniol afon
Ceiriog ac at ryd ar afon
Morlas. Ar ôl croesi'r rhyd,
mae'r llwybr yn dringo
llechwedd coediog. Enw'r
coed ar y map ydi 'Round
Wood' ond does dim byd
yn grwn yn siâp y llechwedd
hirgul coediog ar fap. Mae'r
ysgolheigion yn esbonio wrthym
mai'r enw ar y clawdd pridd a godai'r
Brythoniaid i amddiffyn rhyd mewn nant
neu afon oedd 'rhodwydd' – 'rhod': cylch;
'gwŷdd': coed, yn ôl ambell ddehongliad
(neu 'gŵydd': golwg, yn ôl un arall). Cylch
coediog / tomen wylio: 'Round Wood'?

Data Map
©2015
Google

Round Wood
Ger safle'r
Rhodwydd ar
un o fapiau Gŵgl

Codid y gwrthglawdd ar ochr y gelyn o'r
rhyd a byddai gwarchodfa gron o foncyffion coed ar ben
y rhodwydd – fersiwn Frythonig o'r *motte* Normanaidd
ac mae rhai i'w canfod ar gyffiniau tiriogaeth, lle y gellid
disgwyl ymosodiad.

Dyna sut y cefais fy hun ar fore tawchog o Ragfyr yn parcio
ger Pont y Blew a cherdded y llwybr at y rhyd. Dôl wastad
yw'r cae, yn codi'n fryncyn bychan yn y pen sydd bellaf o'r
rhyd. Mae'r rhyd wedi'i thacluso erbyn hyn – cored ar draws
y nant a choncrid yng ngwaelod y rhyd fel bod cerbydau
amaethyddol yn medru'i defnyddio ar bob tywydd, mae'n

debyg. Er ei bod hi'n aeaf, gallwn gerdded ar draws y
rhyd mewn esgidiau cerdded go lew heb wlychu fy sanau.
Yr ochr draw mae'r llwybr yn gwyro i'r chwith tuag afon
Ceiriog er mwyn mynd o gwmpas tomen o bridd a cherrig sydd
wedi tyfu'n wyllt gan goed. Yna mae'n dringo llethr serth,
coediog ac yn mynd draw gyda glannau afonydd Ceiriog
a Dyfrdwy tua'r gogledd-ddwyrain, at rydau dros nentydd
eraill ac yna at wastadeddau Caer a gogledd Lloegr.

Wrth ddringo'r domen bridd rhwng y llethr a'r rhyd, gwelaf
fod llwyfan gwastad ar ei chorun. Mae ffos yr ochr draw iddi.
Heb os, mae'n edrych fel gweddillion clawdd rhyw wyth
i ddeg metr o uchder. Nid oes sôn am hen glawdd cyntefig
yma yng nghyfrolau archaeolegol swydd Amwythig ond
dyma Rodwydd Forlas i mi.

Mae'n rhaid fy mod wedi sefyll yn llonydd yn rhy hir.
Wrth imi droi i adael, mae tair ffesant yn codi'n eu dychryn
o'r llwyni oddi tanaf. Am eiliad, mae'r twrw'n frawychus.
Hanner ffordd yn ôl drwy'r rhyd, rwy'n oedi eto. Yma y
safodd Llywarch Hen 1,400 o flynyddoedd yn ôl, efallai,
a Gwên ap Llywarch ar ei ôl, mae'n debyg. Yma'r oedd
ffin eu tiriogaeth ar y pryd, yn ôl yr englynion: 'Fe gadwaf
wyliadwriaeth ar Rodwydd Forlas,' meddai Llywarch. Yn
yr union fan hon y mae ffin Cymru a Lloegr heddiw.

Wrth sefyll yno roeddwn yn deall, rhyngof a mi fy hun,
pam y cytunais i gasglu deunydd ynghyd ar gyfer y gyfrol hon.

Myrddin ap Dafydd
1 Rhagfyr 2014

Rhodwydd Forlas

Rhagymadrodd: Hanes, myth a chwedl

Mae'r Brenin Arthur, meddir, yn enghraifft dda. Mae'n cael ei gynnwys ym mhob llyfr am hanes Cymru – mae tystiolaeth i'n sicrhau ei fod yn gymeriad hanesyddol yn ôl llawer o wybodusion. Unodd yr 'hen Gymry', yr 'hen Gernywiaid' a phobl yr 'Hen Ogledd' i wrthsefyll ymosodiadau gan Sacsoniaid, yr Eingl, y Ffrisiaid a'r Jutiaid a lluoedd Germanaidd eraill (fe'u galwn i gyd yn 'Eingl', er hwylustod, term a ddefnyddir am y Saeson yn gyffredinol ym marddoniaeth yr Oesoedd Canol), ar ôl i'r Rhufeiniaid adael ynys Prydain. Y tebyg yw iddo gasglu llu cyflym, caled o wŷr meirch ato i'w lys a byddent yn ymosod ar luoedd llawer mwy o elynion a hynny'n llwyddiannus. Nid oedd yr Eingl yn ymladd ar gefn ceffylau bryd hynny. Aeth enw da 'Marchogion Arthur' ar led ymysg y llwythau Brythonaidd. Ataliwyd y rheibio o'r dwyrain a chafwyd heddwch am ddegawdau. Dyma un o'n harwyr cynnar ni. 'Cymraeg hynafol' oedd ei iaith ac ar hyd y canrifoedd, parhaodd y Cymry i adrodd hanesion am y brenin rhyfeddol hwn. Roedd yn rhan o'n gorffennol hanesyddol ond tyfodd hefyd i fod yn rhan o'n dychymyg. Nid dyn oedd Arthur mwyach ond myth.

Myth Arthur

Pabell eang yn y dychymyg yw myth. Erbyn heddiw, mae'r cyfryngau yn tueddu i ddibrisio'r gair a'i wneud yn gyfystyr â 'chelwydd'. 'Bai'r llywodraeth oedd mewn grym o'n blaenau ni yw'r llanast economaidd,' medd un blaid. 'Na, myth yw hynny,' yw ateb y blaid arall. Ond mae hedyn o amheuaeth yn perthyn i'r gair o hyd – gall fod gwirionedd yno yn rhywle o dan yr huodledd. 'Mae'r Cymry i gyd yn gantorion da', yn ôl myth cyfarwydd. Hawdd iawn fyddai cynnal profion cerddorol i wrthbrofi hynny ar gamera ar y stryd. Ond ai celwydd fyddai'r myth hyd yn oed wedyn, a ninnau'n gwybod am rym y canu Cymreig mewn angladd neu briodas neu gêm rygbi?

Yn ôl â ni at y Brenin Arthur. Glywsoch chi am y garreg honno a daflodd o garn ei farch ger Penrhyn Gŵyr? Mae hi i'w gweld ar ben cromlech yno hyd heddiw. Mae'n pwyso pum tunnell ar hugain. Glywsoch chi ei fod yn cysgu mewn ogof gyda'i farchogion, yn disgwyl y dydd y bydd Cymru'n ewyllysio iddo ddeffro a'u harwain eto? Gwenwn. Chwedlau yw'r rheiny, wrth gwrs. Chwedlau difyr i'n diddanu. Perfformiadau o fewn pabell y myth ydyn nhw. Ie, iawn, ffrwyth dychymyg yw'r rheiny. Efallai nad yw pob stori amdano yn wir, ond mae gwirionedd ym myth Arthur o hyd.

Mae myth Arthur yn ddwfn yn ein dychymyg fel pobl. Mae yno yn ein barddoniaeth, ein caneuon, ein ffilmiau a'n sioeau cerdd. Daw i'r amlwg mewn ambell araith wleidyddol yn ogystal. Pan fydd angen apelio i amddiffyn ein tir, i ddeffro ac i uno fel pobl, bydd myth Arthur yn un y gallwn droi ato. Ni, nid yr imperialwyr, oedd yma gyntaf – er mai mewnfudwyr o berfeddion Ewrop ydym ninnau yn ogystal. Rydym yn gwybod beth yw ei ystyr heb i neb orfod ei esbonio wrthym.

Nid yw pob llyfr hanes o Loegr mor garedig tuag at y Brenin Arthur. 'Lle mae'r dystiolaeth mewn llawysgrifau a lle mae'r prawf archaeolegol?' maen nhw'n ei holi. A fu'r fath frenin

byw erioed? Maen nhw'n sgeptig iawn. 'Celtoffeil' yw'r sawl
sy'n credu ynddo, meddent. Hawdd ganddynt daflu dŵr oer
ar y cyfan. Drwy godi cwestiynau am y 'ffeithiau' hanesyddol,
credant eu bod yn dileu'r myth. Nid yw myth yr Arthur
'Cymreig' yn golygu dim i lawer o Saeson – a dweud y gwir,
mae'n codi'u gwrychyn. Ond mae yna'r fath beth â 'myth
yr Arthur Seisnig' hefyd – Arthur 'the King of England' neu'r
cyfystyr Arthur, 'King of Britain' a welir mewn llyfrau plant,
ffilmiau Hollywood a chyfresi'r BBC. Defnyddiodd o leiaf dau
frenin Lloegr fyth yr Arthur Prydeinig er mwyn hawlio coron
yr Alban.[1] Mae myth, unwaith y bydd wedi gwreiddio yn
nychymyg cenedl, yn llawer gwytnach nag unrhyw
ddadleuon academaidd am fanion hanesyddol.

Gwerth mythau

Gwyddai Owain Glyndŵr werth myth wrth drefnu'i
ymgyrchoedd. Cafodd ei gyhoeddi'n 'Dywysog Cymru' gan ei
ddilynwyr ym Medi 1400 – roedd y Tywysog Hal wedi derbyn y
teitl hwnnw flwyddyn ynghynt yn Llundain, ond wrth arddel
y teitl ei hun, roedd Owain yn gosod her uniongyrchol gan
hawlio mantell Llywelyn iddo'i hun. Yn ôl llên gwerin yr ardal,
casglodd ei lu ynghyd yng Nghaer Drewyn, hen gaer Frythonig
ar fryn uwch afon Dyfrdwy i'r gogledd o Gorwen.[2] Oddi yno

[1] Mae enghraifft ddiweddar nodweddiadol o'r myth Seisnig gan
Philip Marsden yn *Rising Ground*, Granta, 2014, tt. 83–97

[2] Elissa R. Henken, *National Redeemer: Owain Glyndŵr in Welsh Tradition*,
Gwasg Prifysgol Cymru, 1996, t. 124

Cerflun
Owain Glyndŵr
yng Nghorwen

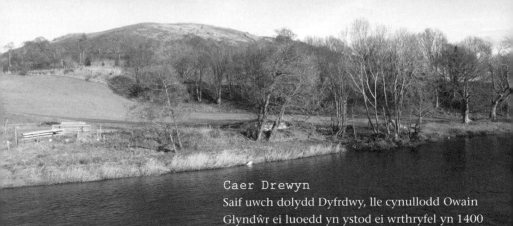

Caer Drewyn
Saif uwch dolydd Dyfrdwy, lle cynullodd Owain
Glyndŵr ei luoedd yn ystod ei wrthryfel yn 1400

yr aethant i ymosod ar Ruthun. Ychydig dros ddwy ganrif ynghynt yn 1165, roedd Owain Gwynedd wedi croesawu minteioedd o bob cwr o Gymru i ddolydd Corwen i greu byddin 'Cymru'n Un' a chadarnhau ei safle fel gwir arweinydd y Cymry. Oddi yno aeth rhan o'i fyddin i wynebu llu anferth Harri II yng nghoed Crogen, Dyffryn Ceiriog, atal ei lwybr i fyny'r dyffryn a'i orfodi i ddilyn llwybrau mynyddoedd y Berwyn lle gorfododd cenlli stormydd Awst iddo droi'n ôl am Loegr yn waglaw. Cariai Glyndŵr faner y ddraig aur ar flaen ei fyddin wrth warchae castell Caernarfon. Cadwaladr, brenin Gwynedd o tua 655–682, yw'r enw a gysylltir ag arddel baner y ddraig goch gyntaf un. Roedd Cadwaladr yn fab i Gadwallon a arweiniodd gyrch cyn belled â Northumbria gan ladd Edwin a threchu ei lu mewn brwydr yno. Roedd rhoi sylw i fanylion fel hyn yn cryfhau'r myth oedd ynglŷn â Glyndŵr, mai ef oedd yr arweinydd hirddisgwyliedig fyddai'n arwain y Cymry i lwyddiant a rhyddid.

Pan luniwyd y Cytundeb Tridarn rhwng Glyndŵr, Percy a Mortimer yn 1405 roedd y tri'n cynghreirio i gydlywodraethu Prydain (i'r de o'r Alban) rhyngddynt gan neilltuo tiriogaeth benodol i bob arweinydd. Byddai teyrnas Glyndŵr yn ymestyn i'r dwyrain at aber Hafren, yn dilyn gwely honno hyd Gaerwrangon ac oddi yno at 'y coed a elwir yn Gymraeg yn Onennau Meigion' sy'n tyfu ar y ffordd uchel sy'n arwain o Bridgnorth i Kinver, 'yna ar hyd yr hen brifford at lygad afon Trent' ac ymlaen tua'r gogledd at afon Merswy ac ar hyd gwely honno i'r môr. Mae'n ymddangos yn ffin od neu ffansïol a dweud y lleiaf nes ein bod yn gwerthfawrogi'r apêl at chwedl a hanes a bod Glyndŵr unwaith eto'n cryfhau'r myth oedd yn perthyn iddo. Roedd 'Cymru Fawr' Glyndŵr yn cynnwys yr hen diroedd gan arddel Hafren eto fel ffin rhwng Cymru a Lloegr. Enwir chwe onnen Meigen ym mhroffwydoliaeth Myrddin fel y lle y byddai'r Eryr Mawr yn cynnull rhyfelwyr y Cymry (mae pentref Six Ashes ar y ffin rhwng swyddi Amwythig a Chaerwrangon yn parhau i blannu a gwarchod chwe onnen ar ochr y briffordd hyd heddiw). Trechodd Cadwallon fyddin y Sacsoniaid mewn brwydr ym Meigen yn ogystal. Roedd ffiniau daearyddol y cytundeb eto'n ffiniau oedd yn apelio at ddychymyg y Cymry. Yr 'hen briffordd' fyddai'r ffordd Rufeinig i wlad y Cornofiaid ac mae afon Trannon (Trent) yn Ystog (Stoke) ger llygad afon Trenn ym mryniau Hill Chorlton. Roedd Glyndŵr yn hawlio hen diriogaeth y Cornofiaid, a'r holl hen gof oedd yn gysylltiedig â'r ddaear honno, yn ôl yn eiddo'r Cymry.

I Lyndŵr yntau, roedd y 'tiroedd coll' yn gam a wnaed â'r Cymry yn y gorffennol a gwelai ei ymgyrch yn fodd o'i unioni. Wrth gyflwyno'i neges i frenin Ffrainc yn Llythyr Pennal 1406 mae'n agor drwy esbonio bod ei genedl, ers llawer o flynyddoedd, 'wedi'i gormesu dan fileindra'r Sacsoniaid barbaraidd'.

Gadewch inni ddod yn nes at ein dyddiau ni. Does yr un hanesydd o unrhyw wlad yn mynd i wadu y bu Ellis Humphrey Evans byw. Mae dogfennau sy'n profi mai ef oedd mab hynaf

Hedd Wyn

fferm Yr Ysgwrn ger
Trawsfynydd. Aeth i'r fyddin
adeg y Rhyfel Byd Cyntaf;
cafodd ei yrru i ffosydd
Fflandrys a chafodd ei ladd
ym Mrwydr Cefn Pilkem yng
Ngorffennaf 1917. Gallwn
ymweld â'i fedd yn yr ardal
heddiw. Dyna'r ffeithiau
moel ond nid ydynt yn
gwneud cyfiawnder â'r
argraff ddofn y mae stori
Hedd Wyn wedi'i chael
ar ddychymyg y Cymry.
Roedd yn fardd ifanc oedd
ar fin gwneud cyfraniad
oes i lenyddiaeth ei wlad.

Yr Ysgwrn

Cyflawnodd ei addewid
drwy ennill cadair yr Eisteddfod Genedlaethol. Aeth tristwch
ei farwolaeth yn drasiedi wrth inni adrodd hanes seremoni'r
Gadair Ddu. Gwreiddiodd myth Hedd Wyn ynom. Daeth yn
symbol o bob talent ifanc a gollwyd, pob addewid a wastraffwyd.

Daeth ymweliad â'r Ysgwrn, gweld y Gadair Ddu a phrofi
naws yr aelwyd a'r cyfnod yn brofiad ysbrydol inni. Mae myth
Hedd Wyn yn ffordd inni ddod yn nes at erchyllterau a
rhwygiadau teuluol a chymdeithasol y Rhyfel Mawr. Mae mwy
o wirionedd ynddo nag sydd i'w gael wrth ddarllen llwyth o
ystadegau mewn cyfrolau ffeithiol. Gall ffeithiau fod yn gywir
ond mae rhywbeth mwy yn cael ei fynegi mewn myth weithiau.

Gwirionedd y gallwn ei brofi a'i deimlo yw hwnnw. Gwirionedd a geir wrth deimlo ias theatraidd wrth wylio drama. 'Gwirionedd llenyddol' yw hwnnw, o'i gymharu â'r 'gwir llythrennol'. Fel y dywedodd R. Williams Parry yn ei soned 'Gwae Awdur Dyddiaduron':

> Nes na'r hanesydd at y gwir di-goll
> Ydyw'r dramodydd, sydd yn gelwydd oll.[3]

Nid oes drama gerdd wedi'i chyfansoddi am Hedd Wyn eto ond pan fydd hynny'n digwydd, ni fydd yn rhaid cael 'Storïwr' i dorri ar draws llif y chwarae bob hyn a hyn i ychwanegu ychydig o ffeithiau hanesyddol. Rydym ni fel cynulleidfa yn hen gyfarwydd â rhediad y stori. Er bod can mlynedd wedi mynd heibio, mae'n hanes byw. Bydd y sioe gerdd yn cael ei chwarae nid ar lwyfan hanesyddol ond ym mhabell ein dychymyg. Myth Hedd Wyn fydd deunydd y caneuon.

Cymeriadau hanesyddol

Er na wyddom fawr ddim amdano, y mae'n ymddangos fod cymeriad hanesyddol o'r enw Llywarch Hen a'i fod yn perthyn i'r chweched ganrif. Roedd yn un o arweinwyr yr hen Gymry yn yr Hen Ogledd. Yr oedd hefyd gymeriad hanesyddol o'r enw Cynddylan ap Cyndrwyn yn nhiriogaeth Powys tua chanol y seithfed ganrif. Nid oes cysylltiad uniongyrchol rhwng y ddau ond roeddent yn byw drwy gyfnod cythryblus pan oedd

[3] R. Williams Parry, *Cerddi'r Gaeaf*, Gwasg Gee, 1952, t. 66

llwythau'r Eingl yn ymledu o'r dwyrain tua'r gorllewin ar draws ynys Prydain. Roedd yn gyfnod pan oedd y Brythoniaid – a'r Gymraeg – yn colli tir.

Mae astudwyr llenyddiaeth Gymraeg gynnar yn gytûn bod y cylchoedd o englynion a gyfansoddwyd am y cymeriadau hyn yn perthyn i gyfnod tua dau gan mlynedd ar ôl iddynt farw – yn fras, dechrau a chanol y nawfed ganrif. Mae prif ffynhonnell y cylchoedd hyn i'w chael mewn llawysgrif sy'n llawer diweddarach, sef Llyfr Coch Hergest (rhwng 1382 a thua 1405).[4] Nid bywgraffiadau dibynadwy yw'r cerddi. Er bod cyfeiriadau at enwau lleoedd ynddynt, efallai mai defnydd 'llenyddol' a wneir o'r enwau hynny – enwau sy'n cyffroi ymateb yn nychymyg y gynulleidfa. Nid oes llawysgrifau i gadarnhau bod gan Gynddylan chwaer o'r enw Heledd a cheir cofnodion amrywiol o enwau meibion Llywarch Hen. Ond nid awdlau marwnad sy'n cyfleu union gymeriad ac union gyfraniad yr unigolion a geir yng Nghanu Llywarch Hen a Chanu Heledd. Drama gerdd sy'n defnyddio'r mythau fel deunydd crai yw'r canu ac mae ystyried y mythau cyn bwysiced â phwyso a mesur y ffeithiau. Mae cerddi a chaneuon sydd wedi'u cyfansoddi ganrifoedd yn ddiweddarach wedi cyfrannu at y mythau hefyd ac mae'r rheiny yn rhan o'r testun trafod yn ogystal.

Gellir ystyried yr awdl farwnad, neu'r awdl fawl, fel cofnod 'swyddogol' gyda sêl bendith y sefydliad – mae'n debyg, efallai, i grynodeb o yrfa a chronicl o brif uchafbwyntiau a welir mewn adroddiad newyddiadurol wedi marwolaeth person amlwg yn ein dyddiau ni. Math gwahanol o gofio a geir mewn coffâd personol lle mae'r pwyslais ar atgofion a straeon sy'n datgelu'r cymeriad a'r chwithdod o'i golli. Efallai fod cylchoedd englynion Llywarch Hen a Heledd yn nes at y cofio personol hwn. Canu yn ôl y drefn sydd yn y canu swyddogol; emosiynol yw natur yr englynion. Beth oedd y rheswm dros greu'r englynion a rhoi'r geiriau yng ngenau cymeriadau hanesyddol oedd yn fyw ddau gan mlynedd ynghynt? Beth oedd yn digwydd yng Nghymru tua 850 oedd yn galw am ddod â stori teuluoedd cyfnod colledus 600–650 yn ôl i gof gwlad? Ac yna, pam mae'r cymeriadau hyn a'r englynion amdanynt wedi dychwelyd i fod â rhan amlwg yn niwylliant ein gwlad dros fil o flynyddoedd ar ôl iddynt gael eu cyfansoddi?

Cyhoeddwyd diweddariadau gwerthfawr o'r testunau yn 1970.[5] Roeddent yn amlwg yng nghefndir cerddi'r goron yn Eisteddfodau Cenedlaethol 1971 ac 1973 a'r awdl yn Eisteddfod Genedlaethol 1989. Crëwyd dramâu cerdd yn seiliedig ar Ganu Heledd yn 1975 ac 1993 ac mae cyfeiriadau at Lywarch a Heledd, Neuadd Cynddylan a'r Dref Wen yn britho llawer o gywyddau, englynion a chaneuon eraill yn ystod chwarter olaf yr ugeinfed ganrif. Beth oedd arwyddocâd eu creu yn y lle cyntaf a beth sydd mor berthnasol i ni heddiw mewn cymeriadau a delweddau o farddoniaeth mor hynafol?

[4] Am fanylion llawn y llawysgrifau a'r copïau gweler Gwyn Thomas, *Hen Englynion*, 'Rhagymadrodd', Cyhoeddiadau Barddas, 2015, tt. 11–29

[5] Gwyn Thomas (gol.), *Yr Aelwyd Hon*, Llyfrau'r Dryw, 1970

1 Heno, yn Neuadd Pantycelyn

Yn nhymor yr haf, 1977, Neuadd Pantycelyn oedd Stafell Gynddylan. Roedd hi'n gyfnod arholiadau gradd ar goridorau'r drydedd flwyddyn yn Aberystwyth. Roedd y blynyddoedd eraill hefyd wedi sobri i orffen gwaith y flwyddyn yn hytrach nag ymroi i'r rhialtwch arferol. 'Ys tywyll heno' oedd hi yno – dim ond goleuadau bach ar y desgiau uwch nodiadau darlithoedd a gollwyd.

Neuadd Pantycelyn – nid cysurus, heno; dawelaf, heno; dan boenau heno, fe'm gwân ei gweled. Er ei bod hi'n Fai y tu allan ac er mai ifanc oedd y preswylwyr, roedd hi'n aeaf ar y meudwyon yn eu celloedd.

Ond wrth i'r cloc gerdded ymlaen i oriau'r nos, roedd pen draw ar banic hwyr yn y dydd wedi tymhorau'r miri hyd yn oed. Byddai clecian drysau wrth i'r meudwyon fynd i geginau'r coridorau i grasu tost a berwi dŵr i wneud paned. A byddai recordiau'n cael eu rhoi ar y deciau. Roedd hi'n amser am hoe.

Y record fyddai i'w chlywed drosodd a throsodd, o goridor i goridor y tymor hwnnw oedd *Y Dref Wen* gan Tecwyn Ifan. Roedd hi newydd ei rhyddhau ar label Sain, ac roedd hi'n cynnwys pedair cân o ddrama arbrofol ar hanes Heledd oedd wedi'i pherfformio yng Ngŵyl y Werin yn Theatr Felin-fach yn Ebrill 1975. Yn ôl adroddiad yn *Y Cymro* ar y pryd: 'Mae'r

'Mor dywyll oedd Stafell Cynddylan..

ddrama yn cynnwys nifer o ganeuon,
y gerddoriaeth gan Bethan Miles a'r
caneuon gan Cleif Harpwood, Tecwyn
Ifan a Phil Edwards a oedd hefyd yn
perfformio, ynghyd ag Edward H. Davies.'[1]

Roedd y perfformiad yn uchafbwynt
Ysgol Basg mudiad Adfer oedd wedi'i
chynnal yr wythnos honno. Awdur
y sgript a'r cynhyrchydd oedd Emyr
Llywelyn ac roedd y criw actorion
yn cynnwys Llinos Davies, Ainsleigh
Davies, Evan John Davies, Emyr
Glasnant a Gwynfryn Ifans (y ddau olaf
yn aelodau o gwmni drama cymunedol
yn Theatr y Werin, Aberystwyth). Mae
nodyn diddorol am y llwyfannu yn
yr adroddiad: 'cynlluniwyd
rhan o'r set ar batrwm
bwrdd gwyddbwyll.'

[1] *Y Cymro*, 22 Ebrill 1975

Tecwyn Ifan

Wrth wrando ar record gyntaf Tecwyn Ifan heddiw, cymeriad y llais sy'n drawiadol – mae'n llais ysgafn ond yn glir a thaer a threiddgar. 'Un da ydi'r Tecwyn Ifanc 'ma,' fel y dywedodd rhywun ar y pryd. Mae'r penillion yn syml ac uniongyrchol. Roedden nhw'n taro tant. Roedd y cywair lleddf yn gweddu i ysbryd y genhedlaeth yn y Coleg ger y Lli y nosweithiau hynny:

> Mor dywyll oedd Stafell Cynddylan,
> Di-wely, di-dân oedd ei threfn,
> Mi wylais ger Stafell Cynddylan,
> Mi wylais ond tewais drachefn.

> Heb gannwyll yn Stafell Cynddylan
> Diffoddwyd pob tân gan eu twyll,
> Cri cigfran uwch Stafell Cynddylan,
> O Dduw, O fy Nuw, rho im bwyll.[2]

Ar goridor arall, roedd y drymiau a'r symbalau ar y trac 'Eryr Eli' yn diasbedain. Rhwystredigaeth, nid dwyster, oedd yn y fan honno. Roedd yr awydd i weiddi, i regi a diawlio yn agos at yr wyneb yn y dyddiau hynny hefyd. Roedd croch-ganu enw'r eryr oedd yn gwledda ar waed tywysogion yr Hen Bowys yn rhyddhad:

> Eryr Eli uwch y llwch,
> Gwylio'r wledd sydd mewn tawelwch,
> Cnawd a gwaed y cig a gerais,
> Mae eiddigedd yn dy adlais.

> Eiddig wyt am gig Cynddylan,
> Llawen wyt dros angau Elfan,
> Ti yw'r Diawl sy'n treisio'r truan,
> Oesol ormes fry yn hofran.[3]

Roedd hi'n dawelwch mewn cornel arall o'r neuadd. Uwch
yr adfeilion, roedd llygaid yn cau wrth gydganu'r penillion:

> Y dref wen yn y dyffryn
> Heno heb arf nac offeryn,
> Ar wyneb y gwellt gwêl y gwaed
> A drodd y pridd yn llaid ...
>
> Y dref wen chwâl ei meini
> Heno yn brudd yn ei hoerni,
> Ddaeth 'na neb i holi pam
> Mai marw yw'r fflam.

Ond nid dyna ddiwedd y gân. Rywsut, o ddinistr llwyr, mae
Tecs yn canfod yr adenydd i'n codi i'r cytgan. A'r fath gytgan.
Mae'n wynebu'r her o ailgyfaneddu'r lleoedd sydd wedi'u
colli. Mae'r tir marw'n dod yn ôl yn fyw ynddo. Mae cymdeithas
yn dychwelyd i'r tai. Mae lle inni i gyd ymuno yn y dull hwn
o weithredu:

> Ond awn i ailadfer bro,
> Awn i ailgodi'r to,
> Ailoleuwn y tŷ,
> Pwy a saif gyda ni?[4]

Anthem y Dref Wen

Dyma'r gân a dyma'r cytgan fyddai'n tawelu torfeydd hanner
meddw mewn stafelloedd rhy lawn gydag offer sain rhy wan
mewn nosweithiau gwerin yn Eisteddfod Wrecsam yr haf

[2] Tecwyn Ifan, 'Stafell Cynddylan', *Y Dref Wen*, Sain C571
[3] Tecwyn Ifan, 'Eryr Eli', *Y Dref Wen*
[4] Tecwyn Ifan, 'Y Dref Wen', *Y Dref Wen*

hwnnw. Dyma'r cytgan fyddai'n cael ei ddwyn oddi ar y perfformiwr a'i hawlio a'i ganu am y pumed a'r chweched tro gan gynulleidfaoedd angerddol diwedd nos.

Cafodd 'Y Dref Wen' ei disgrifio fel 'anthem Mudiad Adfer' a galwad amlwg ar ieuenctid i heidio i'r gorllewin 'i achub y Fro Gymraeg'.[5] O ddechrau'r 1970au, tyfodd y syniad o weithredu'n gadarnhaol dros y broydd Cymraeg yn hytrach nag ymgyrchu drwy brotestio'n dorfol a thorcyfraith er mwyn ennill statws swyddogol i'r iaith yn unig. Gwarchod a chryfhau cymdeithasau lle'r oedd y Gymraeg yn iaith fyw bob-dydd oedd y nod – rhoi'r pwyslais ar weld y Gymraeg yn cael ei defnyddio yn hytrach na mynnu hawl i'w defnyddio yn unig. Golygai hynny anelu at gael tai i Gymry lleol, gwaith, adloniant, ymgymryd â dyletswyddau cymdeithasol, cynnal papur bro, cefnogi'r sefydliadau Cymraeg a chynnal ysbryd y bobl. Ers Mesur Iaith a ffigyrau Cyfrifiad 2011, mae'r dadleuon hyn dros ddiogelu'r ardaloedd lle mae'r Gymraeg yn iaith gymdeithasol eto'n magu gwreiddiau, a does fawr neb yn anghytuno â'r farn honno.

Mae diogelu iaith leiafrifol o fewn gwladwriaeth drwy greu 'ardaloedd cryf' iddi yn arf a ddefnyddiwyd yn Quebec, Iwerddon a Gwlad Belg. Cyflwynwyd eto'r weledigaeth o 'adfer' y broydd Cymraeg gan Emyr Llywelyn yn Ysgol Basg Cymdeithas yr Iaith yn 1970. Yn ôl Arfon Gwilym:

Ef oedd un o'r areithwyr gorau a welodd y mudiad cenedlaethol erioed. Roedd yn feddyliwr dwfn a chynlluniai ei areithiau'n ofalus ymlaen llaw. Ond roedd ganddo hefyd ddawn arbennig i gyflwyno'i genadwri yn effeithiol a hoelio sylw'i gynulleidfa. Gallai sobreiddio rhywun hyd at ddagrau bron, ond gallai danio ac ysbrydoli hefyd ar yr un pryd.[6]

'Un noson, rywbryd a rhywle ynghanol y
saithdegau, cofiaf ganu gyda llu o artistiaid
eraill gan gynnwys Tecs ar ei ben ei hun.
Canodd ganeuon newydd am lwyth o Indiaid
Cochion yn colli eu tir ac felly eu ffordd
o fyw a'u diwylliant, themâu cyfarwydd i ni.
Yna canodd gân newydd sbon gan ein hannog yn
y gytgan i "ail-adfer bro" ac "ail-godi'r to"
ac "ail-oleuo'r tŷ".

    Ar ôl clywed y gytgan am y tro cynta'
roedd yr artistiaid wedi symud o'r tu ôl
i'r llenni yn y cefn i ochrau'r llwyfan,
roedd rhywbeth wedi digwydd, rhyw fflam wedi'i
chynnau, a phawb yn barod i ymuno yn y gytgan
pan ddôi hi eto. Ac felly y bu. Pan ddaeth
y gytgan ar ôl y trydydd pennill, roedd y
gynulleidfa wedi penderfynu ymuno. Ac wrth
i bawb gyd-ganu cytgan cân yr oedd y rhan
fwyaf o'r gynulleidfa heb ei chlywed o'r
blaen, roedd Tecs wedi cael ateb i gwestiwn
y llinell ola' - "Pwy a saif gyda ni?"'[7]

[5] Hefin Wyn, *Be Bop a Lula'r Delyn Aur, Hanes Canu Poblogaidd Cymraeg*, Y Lolfa, 200, t.326

[6] Arfon Gwilym, 'Adfer', *Wyt ti'n Cofio? Chwarter canrif o frwydr yr iaith*, gol. Gwilym Tudur, Y Lolfa, 1989, t. 94

[7] Derec Brown, 'Roc', *Barn*, Rhif 390/391, Gorff./Awst 1995

Un gair oedd yn peri ymateb angerddol a rhaniadau pellach oedd 'bro', a'r defnydd ohono wrth gyfeirio at diriogaeth 'Y Fro Gymraeg'. Galwai Adfer fwyfwy ar y Cymry pybyr i gefnu ar ardaloedd wedi'u Seisnigo a mudo i'r gorllewin i gryfhau gweddillion cadarnleoedd yr iaith yno. Ond ymhle yn union yr oedd ffiniau'r Fro honno? Mae gan bob unigolyn ei fro ac mae anwyldeb a gwreiddiau yn perthyn i'r gair, waeth beth am ei daearyddiaeth na'i phatrwm ieithyddol. A oedd fy mro i yn rhan o'r Fro oedd y cwestiwn a godai. Yn ystod fy nyddiau cyntaf yng ngholeg Aberystwyth ym Medi 1974, dywedodd Rod Barrar o Nelson wrthyf, 'Wi'n Adferwr! Wi moyn adfer y Cymoedd.'

Pan fathwyd y term 'Y Fro Gymraeg' yn y cylchgrawn *Tafod y Ddraig* (Ionawr 1964), roedd yn cynnwys map yn seiliedig ar yr ardaloedd o Gymru oedd yn cynnwys 50% o siaradwyr Cymraeg yn ôl ffigyrau Cyfrifiad 1961.[8] Ond wrth i'r fro honno friwsioni, y farn wleidyddol gyffredinol yng Nghymru oedd y dylid peidio â chrebachu tiriogaeth y Gymraeg yn llai na ffiniau Cymru. Gellid dweud bod y newyddion yn rhy drist a'r talcen yn rhy galed i amryw wynebu realiti'r hyn oedd yn digwydd yn y cymunedau Cymraeg. Fel y dywedodd y sylwebydd Siôn T. Jobbins, mae angen gobaith i fedru parhau â'r ymdrech i ymladd.[9]

Yna daeth cytgan Tecwyn Ifan. Wrth gydganu â'r canwr diymffrost o Benfro, canai pob un yn ôl ei ddehongliad ei hun. Daeth y broydd ynghyd yn un wlad eto. Cyfannwyd y rhwyg rhwng y mudiadau gan ganeuon a pherfformiadau Tecs hefyd. Roedd yr un mor dderbyniol a'r un mor ysbrydoledig yn y ddau wersyll. Meddai Angharad Tomos: 'ni welais i erioed bropaganda mwy melys i wrando arno! Mae 'na neges yn ei ganeuon sydd yn rhoi inni fwy nag adloniant – mae yn cyfoethogi ein profiad o fywyd.'[10] Mae diffuantrwydd yn y canu a neges glir yn y geiriau: 'Canu iddo'i hun a wna gan roi'r awgrym – "Gwrandewch arna' i neu beidio". Canu ei neges a wna heb boeni am ddelwedd na dim o'r fath.'[11]

Yn Neuadd Pantycelyn yn haf 1977, roedd nifer o'r myfyrwyr yn astudio cyfrol *Canu Llywarch Hen*, Ifor Williams at yr arholiadau gradd. Wrth y benelin arall roedd nodiadau'r Athro Geraint Gruffydd yn ein hatgoffa o'i angerdd wrth iddo ein harwain ar hyd llwybrau'r canu cynnar, y rhan o'n traddodiad llenyddol wnaeth yr argraff fwyaf arnaf fel myfyriwr. Pan ddaeth yr arholiad, bron na chlywyd cydganu cytgan y Dref Wen wrth ddarllen cwestiwn ym mhapur yr Athro, 'Pa gyfiawnhad sydd dros ystyried Canu Llywarch Hen a Chanu Heledd yn un o uchelfannau ein llenyddiaeth?' Welwyd erioed gymaint yn ateb cwestiwn arholiad gyda gwên mor llydan ar eu hwynebau wrth weld cyfle i sôn bod yr hen englynion yn parhau i ysbrydoli caneuon a dilynwyr newydd.

[8] Siôn T. Jobbins, 'Adfer: The Rise and Fall of a Movement', *The Phenomenon of Welshness II*, Gwasg Carreg Gwalch, 2013, t. 83

[9] Siôn T. Jobbins, *The Phenomenon of Welshness II*, t. 92

[10] Angharad Tomos, 'Portread o Tecwyn Ifan', *Sgrech*, Rhif 5, Mawrth/Ebrill 1979

[11] Angharad Tomos, 'Portread o Tecwyn Ifan', *Sgrech*

Dyma'r math o ymateb nodweddiadol gan un arall fu'n fyfyriwr yn Aberystwyth, Angharad Tomos: 'Caf wefr o wrando ar y rhain hefyd [caneuon Heledd Tecwyn Ifan], am Stafell Cynddylan, Pengwern ac Eryr Eli. Rhyfeddu fydda i fod rhywbeth mor hen, dros 1,300 o flynyddoedd oed, yn gallu swnio mor fyw a chyfoes heddiw.'[12]

Yn nhymor yr haf, 1977, roedd Stafell Gynddylan a Neuadd Pantycelyn yn un. Mewn ffordd eironig, efallai eu bod yn nes fyth erbyn hyn. Mae myfyrwyr yn dal i astudio'r Hengerdd ac yn bodio englynion Canu Llywarch Hen a Chanu Heledd. Yn y gyfrol hon, byddwn yn edrych yn fanylach ar dair cyfres o englynion o'r ddau ganiad ac yn edrych eto ar leoliadau daearyddol yr englynion, cefndir gwleidyddol eu cyfnod a phwy oedd y beirdd a'u cynulleidfa. Mae Canu Llywarch Hen yn ein harwain at ffin ddwyreiniol tiriogaeth yr Hen Bowys, at afonydd Llawen a Morlas, a'r rhyd yn yr afon oedd yn agored i ymosodiad gan ryfelwyr o un o deyrnasoedd Lloegr. Mae'r ddyletswydd arwrol i warchod y tir a'r dreftadaeth yn ganolog yn yr englynion hyn, er bod y pris y mae'n rhaid i'r milwyr ei dalu yn uchel iawn. Yng Nghanu Heledd mae'r ymosodiad wedi digwydd, mae'r teulu brenhinol wedi'u lladd a'r llys a'r dref wedi'u llosgi. Llys Pengwern, y Dref Wen a chreigiau'r eryrod ysglyfaethus yw'r lleoliadau canolog. Cerddi galar a hiraeth ydynt ac ar un olwg nid oes un llygedyn o olau ynddynt.

Eto, nid ymarferiad academaidd neu hanesyddol yn unig yw darllen a gwerthfawrogi'r cerddi hyn. Maent yn cael eu canu fel rhan o'n hadloniant Cymraeg ni heddiw. Maent yn ysbrydoli cerddi newydd ac yn cael eu defnyddio fel delweddau yn yr iaith o hyd. Rydym wedi gafael mewn darnau o'n traddodiad barddol a'i wneud yn berthnasol ac yn rhan o brofiad byw heddiw. Beth felly yw'r apêl a'r dynfa atynt ddeuddeg can mlynedd yn ddiweddarach?

Roedd hanes Llywarch Hen a Heledd yn perthyn i'r gorffennol hyd yn oed pan gyfansoddwyd yr englynion cynnar. Mwy am hyn yn nes ymlaen. O'r dechrau un, mae beirdd wedi defnyddio'r mythau amdanynt a'u cymhwyso i'r hyn oedd yn bodoli ar y pryd. Mae'n weddol hawdd inni ddadansoddi sut mae beirdd, cyfansoddwyr a chynulleidfa heddiw yn defnyddio testun yr englynion er mwyn creu dealltwriaeth newydd o'r Gymru gyfoes. Mae'n dipyn mwy o hwyl ceisio creu damcaniaeth ynghylch beth yn union a allasai fod ar droed pan wnaed yr un peth yn union adeg creu'r englynion gwreiddiol. Yr hyn sy'n digwydd yma yw bod yr hanes neu'r mythau traddodiadol a'r traddodiad barddol yn cael eu haileni mewn gwisg newydd o gyfnod i gyfnod. Nid yw cerdd yn perthyn i'r gorffennol mewn traddodiad byw. Mae'n dal i ganu, yn dal i gasglu haenau newydd o ystyr ati o'r newydd o oes i oes. Mae'n brofiad cyffrous iawn. Mae taflu ambell gip ar heddiw drwy lygad ddoe yn rhoi persbectif cyfoethog inni. Rydym yn ailgerdded hen lwybrau, ond yn canu ein cân ein hunain gan adlewyrchu natur ein taith ni yn yr hen diriogaeth hon.

Cyn troi at y canu ei hun, bydd yn rhaid ceisio rhoi darlun o Brydain Rufeinig a Phrydain Frythonig a'r digwyddiadau hynny a arweiniodd at sefydlu ffiniau Cymru a thiriogaeth y Gymraeg yn ddiweddarach. Deall yr hanes yn gyntaf, yna cerdded ymlaen i niwloedd y gorffennol barddol.

[12] Angharad Tomos, 'Portread o Tecwyn Ifan', *Sgrech*, Rhif 5, Mawrth/Ebrill 1979

2 Gwerth halen

Roedd y Celtiaid yn effro iawn i'r angen am halen. Am ganrifoedd, roedd halen yn gyfystyr â'n rhewgelloedd ni. Halen oedd yn galluogi'r ffermwyr cynnar i ladd eu stoc pasgedig Galan Gaeaf a chadw'r cig drwy'r tymor llwm. Roedd cadw cig yn fodd i gynnal cymdeithas sefydlog yn yr hendref. Roedd porthiant drwy'r gaeaf yn golygu nad oedd angen i'r teuluoedd fudo ar lwybrau'r helwyr a'r pysgotwyr wrth chwilio am fwyd drwy gydol y flwyddyn. Pan ledodd diwylliant y Celtiaid ar draws Ewrop o Dwrci i Bortiwgal, roedd un gangen ohono wedi'i ganoli yn Hallstatt ym mynyddoedd yr Alpau yng ngorllewin Awstria. Fel mae sillaf gyntaf yr enw'n ei awgrymu, roedd halen ar gael yn Hallstatt – ogofâu anferth ohono dan y ddaear. Roedd y sefydlogrwydd a'r cyfoeth a ddeilliai o'r fasnach halen yn creu'r amodau cywir i ddiwylliant a chelfyddyd arbennig ffynnu.

Mae'r haneswyr wedi newid eu meddyliau am y Celtiaid dros yr hanner canrif diwethaf. Mae rhai archaeolegwyr yn ymwrthod â'r term yn llwyr gan honni nad oes digon o dystiolaeth ddiriaethol i ystyried fod pobloedd o wahanol rannau o dde a chanolbarth Ewrop yn perthyn i un diwylliant yn ystod yr Oes Haearn. Ond mae arbenigwyr iaith ac enwau lleoedd yn dadlau'n wahanol, gan ddangos bod mwy o arferion diwylliannol na dim ond iaith yn rhan o'r dreftadaeth Geltaidd.[1]

Ar y cyfan mae haneswyr yn gytûn nad oedd y Celtiaid yn fawr o imperialwyr nac yn rhai garw am sefydlu trefn a gwladwriaethau, ond eu bod ar y llaw arall yn feistri mewn rhai meysydd – chwedloniaeth a chrefft metel, er enghraifft.

Roedden nhw hefyd, medd haneswyr bellach, yn ymledu ac ymestyn eu dylanwad drwy fasnach a gwladychu graddol yn hytrach na chroesi'n lluoedd o Calais i Dover a chwalu pawb a phopeth o'u blaenau. Nid goresgyn tiroedd a gorfodi'u diwylliant a'u hiaith a'u trefn eu hunain ar y brodorion a wnaethant. Nid o'r de-ddwyrain y daethant i dir Prydain chwaith ond ar hyd llwybrau masnach moroedd y gorllewin. Nododd yr athro anthropoleg, Barry Cunliffe, fod y ddamcaniaeth a gyflwynodd Edward Lhuyd yn wreiddiol – sef bod y Celtiaid wedi ymfudo'n donnau o'r Cyfandir i Brydain – yn hollol dderbyniol a rhesymol ar y pryd.[2] Yr hyn oedd yn rhyfeddol, meddai, oedd na heriwyd y ddamcaniaeth honno am dros dri chan mlynedd. Dangosodd fod astudiaethau o dwf ieithoedd Celtaidd ac ymlediad geiriau, profion DNA ar boblogaeth gynhenid Iwerddon, Cymru a Lloegr a thystiolaeth archaeolegol wrth ganfod arfau ac astudio arferion claddu i gyd yn profi bod cysylltiad agos a chyson rhwng ardaloedd arfordir yr Iwerydd a'i gilydd o ddiwedd yr Oes Iâ olaf ymlaen. Wrth i'r rhew gilio o ogledd Ewrop, coloneiddiwyd y tiroedd hynny gan boblogaeth o ardal Môr y Canoldir gan ddilyn llwybrau moroedd y gorllewin. 'The sea as a means of communication was of immense importance throughout prehistory,' meddai, ac yn hytrach na mewnlifiad anferth o'r Cyfandir mae'n ffafrio

[1] Patrick Sims-Williams, 'Celtic Civilization: Continuity or Coincidence?', *Cambrian Medieval Celtic Studies*, 64, 2012, tt. 1–45

[2] Barry Cunliffe, 'Who Were the Celts?', Darlith Shallit (BYU), 4 Chwef. 2014, i'w gweld ar YouTube (www.youtube.com/watch?v=G8FM9nMFbfl)

damcaniaeth yr ymlediad cynnar, o gymdogaeth i gymdogaeth ar hyd y glannau, oedd yn parhau i fasnachu a chyfnewid nwyddau a syniadau ac yn defnyddio'r Gelteg fel iaith gyffredin o Bortiwgal i ogledd yr Alban. Wrth ddefnyddio afonydd mawr Ffrainc i fasnachu â'r mewndiroedd, treiddiodd diwylliant a masnach y Celtiaid i dir mawr y Cyfandir. Y ddadl bellach, meddai, yw onid o'r gorllewin i'r dwyrain yr ymledodd y Celtiaid i Ewrop hefyd, yn hytrach nag fel arall? Mae hyn yn rhoi Cymru ac Iwerddon a'r gwledydd Celtaidd 'cyfoes' yng nghanol crud y Celtiaid, yn hytrach nag ar ei gyrion.

Ymysg y llwythau Celtaidd a ymsefydlodd ar dir a gororau Cymru roedd y *Cornovii* – y Cornofiaid. Ymestynnai eu tiriogaeth i'r de o afon Dyfrdwy, i Faldwyn ac i'r dwyrain i gynnwys gwastadeddau Caer ac Amwythig. Dyma wlad o fryniau i roi porfa i stoc a gwastadedd i dyfu cnydau. Doedd fawr o arfordir yn perthyn i diroedd y Cornofiaid. Eto, roedd ganddynt borthladd ar aber afon Dyfrdwy, ar lan orllewinol Cilgwri, ac ymysg y darganfyddiadau a wnaed ar y safle roedd nifer o ddarnau arian llwyth Celtaidd oedd yn byw yn Llydaw ar y pryd. Yn amlwg, roedd y Cornofiaid yn fasnachwyr a'r adnodd gwerthfawr oedd ganddynt i'w allforio oedd halen.

Roedd tri o'r pedwar pwll halen mewndirol yn ynysoedd Prydain o dan reolaeth y Cornofiaid – Northwich, Middlewich a Nantwich. Roedd y pedwerydd yn Droitwich yn is i lawr Dyffryn Hafren. Ond y Cornofiaid oedd y masnachwyr. Erbyn diwedd yr Oes Haearn roedd y potiau crochenwaith oedd yn dal eu halen i'w canfod nid yn unig ar hyd arfordir Cymru ac ymhellach o lawer na hynny, ond hefyd yn rhannau isaf Dyffryn Hafren.

Cyfnod y Rhufeiniaid

Roedd gafael y Cornofiaid ar y fasnach halen yn un o'r rhesymau pam y cyrchodd y Rhufeiniaid tua'u tiroedd ar ôl trechu llwythau Brythonig de-ddwyrain Prydain. Sefydlwyd dwy ganolfan bwysig o fewn y diriogaeth hon – Deva Vetrix (Caer, sef y ganolfan filwrol) a Viroconium Cornoviorum (Caerwrygon / Wroxeter, y ganolfan ddinesig). Dim ond tair

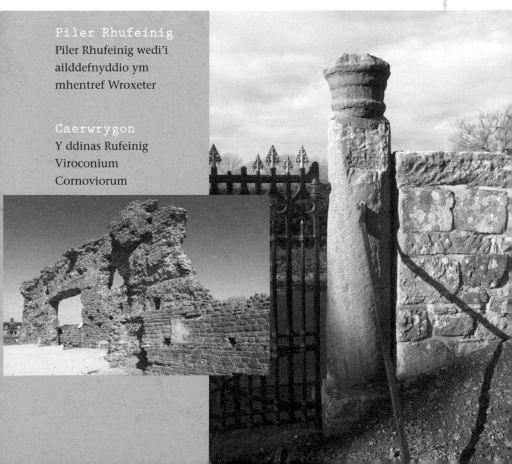

Piler Rhufeinig
Piler Rhufeinig wedi'i ailddefnyddio ym mhentref Wroxeter

Caerwrygon
Y ddinas Rufeinig Viroconium Cornoviorum

lleng-gaer oedd drwy holl diroedd y Rhufeiniaid ym Mhrydain
– Efrog, Caer a Chaerllion. Daeth y pyllau halen dan reolaeth
Rhufain – neu o leiaf, roedd Rhufain yn elwa o'r trethi ar y
diwydiant. Roedd pob milwr yn llengoedd Rhufain yn derbyn
dogn o halen fel rhan o'i gyflog, neu i'w gyfnewid am gyflog.
Fel y gŵyr pawb sy'n hoff o ddywediadau, mae dweud bod
rhywun yn 'werth ei halen' yn canu clychau ynglŷn â'r oes
honno. Yn nhiriogaeth y Cornofiaid cawsant ddigon o halen
i fesur gwerth y milwyr, ac erbyn OC 70 roedd 30,000 o filwyr
Rhufeinig o fewn ffiniau ein Cymru ni yn unig.

Bryngaer ar fryncyn amlwg Wrekin i'r de-orllewin o'r M54
rhwng Amwythig a Telford ein dyddiau ni oedd prifddinas y

Cornofiaid. Pan gyrhaeddodd llengoedd Rhufain at droed y bryncyn, aethant ati i sefydlu gwersyll rhyfel yno – Viroconium. Oddi yno, tua OC 47, ymosododd y llengfilwyr ar y fryngaer – Dinlleu Wrygon, fel y'i gelwid gan y Cymry – a chanfu archaeolegwyr olion llosgi yn y cytiau crynion yno a blaenau gwaywffyn wrth borth y gaer. Bu gwrthsafiad yno yn ôl pob golwg ond bara menyn i fyddin broffesiynol Rhufain oedd delio â byddinoedd annisgybledig ar fryngaerau traddodiadol. Roedd y llengoedd Rhufeinig wedi trechu cannoedd ohonynt ledled Ewrop eisoes ac mae disgrifiad o'u brwydr yn erbyn Caradog a'r Brythoniaid ar fryn serth yn rhoi syniad i ni o'u tactegau.

Dinlleu Wrygon

Y darlun a gawn o'r hanes yw bod y Rhufeiniaid wedi sefydlu Viroconium fel gwersyll rhyfel yn wreiddiol.[3] Roedd yn safle allweddol, yn rheoli rhyd hwylus ar afon Hafren, yn cadw llygad ar o leiaf ddwsin o fryngaerau oedd ar bedol o fryniau o gwmpas godre gwastadedd Amwythig, ac o fewn tair milltir i'r brif fryngaer, Dinlleu Wrygon. Cyn hir roedd mwg o weddillion eu prif fryngaer yn rhybudd diamwys i weddill llwyth y Cornofiaid bod eu tiriogaeth yn nwylo rheolwyr newydd.

Ar gyrch milwrol, sefydlai'r Rhufeiniaid wersylloedd caerog i'w byddinoedd. Ceyrydd a ddaliai rhwng 500 a 1,000 o filwyr oedd y rhain. Sefydlwyd trefi gweinyddol mewn rhai ceyrydd, megis Moridunum (Caerfyrddin), neu ceid lleng-geyrydd helaeth

Y rhyd
ar Hafren

megis Caerllion a ddaliai tua 5,500 o filwyr a dinasyddion. Dim ond ceyrydd milwrol a welwyd yng ngogledd Cymru ond tyfodd Viroconium i fod yn un o'r lleng-geyrydd dinesig gan ymestyn dros ddeugain acer a chynnwys barics, neuadd farchnad (*macellum*), baddonau, gweithdai crefftwyr (*fabrica*), temlau a lleoedd ar gyfer bwyd, diod ac adloniant (*cabana*). Nid milwyr yn unig oedd yn byw yno – denwyd llu o Frythoniaid, yn weision a morynion, yn arlwywyr a chrefftwyr yn cyflenwi holl wasanaethau'r garsiwn. Tyfodd i fod yn *civitas*, yn ddinas-wladwriaeth, gan Rufeineiddio elfen o'r boblogaeth leol, oedd yn cynnal y gwahanol wasanaethau yr oedd yn ddibynnol arnynt. Hon oedd y bedwaredd ddinas fwyaf yn y Brydain Rufeinig.

Gwlad y Brythoniaid

Rhaid cofio bod elfen gref o lwyth y Cornofiaid, fel amryw o'r llwythau tua'r gorllewin ym mynydd-dir Cymru, wedi gwrthsefyll y duedd i Rufeineiddio ac wedi glynu at yr hen ffordd Geltaidd o fyw. Roeddent yn parhau i ddefnyddio'r bryngaerau hyd yn oed. Pan giliodd y llengoedd Rhufeinig o'r ardal tua OC 410, gadawsant ddwy gymdeithas ar eu holau – trigolion Lladin-Frythonig y lleng-gaer a phreswylwyr llwythol y bryngaerau, gyda'u harweinwyr traddodiadol o blith mân deuluoedd uchelwrol y llwyth.

[3] Roger White a Philip Barker,
Wroxeter: Life and Death of a Roman City, The History Press, 2006, t. 38

Yn ôl tystiolaeth o geyrydd tebyg yng ngogledd Cymru, ymsefydlodd brenhinoedd newydd y Brythoniaid mewn hen geyrydd fel Dinas Emrys, Caer Dinorwig a Dinorben pan adawodd y Rhufeiniaid. Daethpwyd i adnabod tiriogaeth y Cornofiaid fel 'Powys', sy'n tarddu o'r gair *pagenses* sef 'pobl cefn gwlad'. Does neb yn llwyddo i egluro tarddiad yr enw Powys yn gliriach na Bedwyr Lewis Jones:

Mae'r geiriau 'Tra môr yn fur i'r bur hoff bau' yn gyfarwydd inni i gyd. Ond faint ohonom ni, ys gwn i, sy'n gwybod ystyr y gair *pau* yn 'hoff bau'?

Chlywch chi neb yn defnyddio'r gair wrth sgwrsio heddiw. Mae'n air marw yn yr iaith, ac eithrio efallai mewn barddoniaeth. Ond yr oedd yn air byw yn y Gymraeg ar un adeg. Gair benthyg o'r Lladin oedd o, benthyg o'r Lladin *pagus* yn golygu 'gwlad, ardal, talaith'. Yr un *pagus* Lladin roddodd y gair *pays* yn Ffrangeg, fel yn *Pays de Galles* 'gwlad y Cymry'.

Roedd *Pagus* yn enw am ardal neu dalaith. Yr enw gan y Rhufeiniaid am y bobol oedd yn byw yn y *Pagus* oedd *Pagenses* – *Pageses* ar lafar. Ffurf Gymraeg ddiweddarach ar *Pageses* ydi *Powys*.

Ystyr *Powys* yn wreiddiol, felly, oedd y bobol oedd yn byw mewn *pagus* neu *bau* arbennig – mewn rhan neilltuol o diriogaeth llwyth y Cornovii, mae'n debyg.

Roedd hi'n duedd gyffredin mewn cyfnod cynnar i enw am bobol ddod yn enw ar y rhan o'r wlad lle'r oedden nhw'n byw. Digwyddodd hynny gydag enwau *Llŷn* a *Gwynedd*. Digwyddodd gydag enw *Dyfed* hefyd. Roedd llwyth o bobol o'r enw *Demetae* yn byw yn ne-orllewin Cymru pan ddaeth y Rhufeiniaid yma. Ffurf ddiweddarach ar enw'r bobol yma ydi Dyfed, ond does neb hyd yn hyn wedi medru esbonio tarddiad yr enw.

Enw pobol oedd Powys. Daeth yn enw ar eu tiriogaeth, a'r diriogaeth honno ar y dechrau yn cyrraedd tu draw i Gaer ac Amwythig.

Gyda llaw, yr un gair Lladin *Pagus* sydd tu ôl i'r geiriau *pagan* a 'peasant'. Un yn byw mewn *pau* neu ardal wledig oedd 'peasant'. A *pagan*? Gŵr o'r wlad oedd yntau, gŵr llai ei barch na milwyr yr Ymerodraeth. Am fod y Cristnogion cynnar yn eu hystyried eu hunain yn filwyr Crist, daeth yn arfer ganddyn nhw alw rhywun nad oedd yn addoli'r gwir Dduw yn *paganus* – yn *bagan*.

Ys gwn i a oedd i'r enw *Pagenses* a roddodd inni *Powys* ystyr ychydig yn ddiraddiol ar y dechrau?[4]

Symudodd y grym o'r trefi, oedd yn fwyfwy ynysig a diymadferth, yn ôl i'r bryngaerau ym Mhowys hefyd. Yn ôl dau archaeolegydd, Roger White a Philip Barker,[5] mae'n debyg bod ffederaliaeth o fân arweinwyr yn y bryngaerau o dan uwch-frenin Powys. Maent hefyd wedi canfod tystiolaeth yn adfeilion Viroconium bod y dref – ar raddfa lawer llai – wedi'i hailadeiladu deirgwaith ar ôl y cyfnod Rhufeinig. Adeiladau ffrâm pren yn gorffwys ar weddillion y muriau carreg fyddai'r dref erbyn hynny ac yno y byddai'r cenedlaethau nesaf o'r Lladin-Frythoniaid yn byw. Yn ôl yr archaeolegwyr, roedd eu hadeiladau pren yn y Viroconium newydd wedi'u gwyngalchu. Roedd hon felly yn 'Gaer Wen' – neu efallai yn 'Dref Wen'?

[4] Bedwyr Lewis Jones, *Enwau*, Gwasg Carreg Gwalch, 1991, tt. 6–7

[5] Roger White a Philip Barker, *Wroxeter: Life and Death of a Roman City*, 2006

(Uned amaethyddol oedd 'tref' yn wreiddiol, wrth gwrs, ac mae Cyfraith Hywel yn ei nodi fel term cyfreithiol: '4 erw = tyddyn; 4 tyddyn = gafael; 4 gafael = rhandir; 4 rhandir = tref; 4 tref = maenol; 12 maenol + 2 dref = cwmwd; 100 tref = cantref'.[6])

Yn y bryngaerau yr oedd y rhyfelwyr yn byw. Y nhw oedd wedi cadw'u hunaniaeth gryfaf yn ystod cyfnod y Rhufeiniaid a nhw fyddai'n cynnal y gwrthsafiad yn erbyn y gelynion nesaf a ddôi i'w bygwth. Yn ardal Amwythig, mae olion eu caerau i'w

Caer Ogyrfan
('Old Oswestry')
Bryngaer ger Croesoswallt

gweld ar y Breiddin, y Long Mynd (Mynydd), Caer Caradog, y Clee Hills a Dinlleu Wrygon. Yn ogystal â bryngaerau, mae caerau llawr gwlad helaeth yn yr ardal megis y rhai yng Nghroesoswallt (Caer Ogyrfan), Berth a Bury Walls. Gyda chloddiau a ffosydd anferth yn cylchynu'r rhain a thuag ugain acer o dir gwastad o'u mewn, maent fel byrddau mawr yn codi o'r iseldir. Mae'r archaeolegwyr yn credu mai defnydd tymhorol oedd i rai o'r caerau ar y bryniau tra byddai'r caerau llawr gwlad yn cael eu defnyddio drwy gydol y flwyddyn ac yn cynnig lloches helaeth rhag ymosodiad i bobl ac anifeiliaid.

Daeth y pyllau halen yn ôl o dan reolaeth y Cornofiaid, a phan esblygodd y Gymraeg o'r hen Frythoneg cadwyd yr enw Heledd-wen ar Nantwich a Heledd-ddu ar Northwich – ystyr 'heledd' ydi 'pwll halen'. Ynysoedd Heledd yw'r enw Cymraeg ar y Shetlands – lle mae olion casglu halen drwy losgi gwymon.

O dan y Rhufeiniaid, roedd tir y Brythoniaid yn rhan o rwydwaith o lwybrau masnach a milwrol yr ymerodraeth. Roedd Rhufain yn cynnig bywoliaeth a diogelwch. Erbyn 450, roedd y cyfan wedi'i chwalu a'r hen lwythau'n gorfod byw ar eu hadnoddau'u hunain ac yn gorfod eu hamddiffyn eu hunain. Roedd hi'n oes pan oedd pob rhyfelwr yn arwr, a phob un oedd yn cario arfau yn werth ei halen.

[6] D. Geraint Lewis, *Lewisiana*, Cymdeithas Lyfrau Ceredigion Gyf., 2005, t. 111

...pagenses sef 'pobl cefn gwlad...'

3 Teyrnasoedd y Brythoniaid a'r Cymry dan warchae

Sefydlwyd teyrnasoedd Brythonig, yn fras, ar sylfaen y dinas-wladwriaethau (*civitas*) oedd ynghlwm wrth y prif ranbarthau Rhufeinig. Roedd y rheiny'n seiliedig ar diriogaeth y llwythau Celtaidd oedd yn rheoli cyn hynny, ac yn ôl archaeolegwyr a haneswyr, mae'n bosib bod teyrnas Powys yn wreiddiol yn cyfateb yn fras i diriogaeth y Cornofiaid. Mae rhai ieithyddion a haneswyr, mae'n rhaid nodi, yn amau fod yr enw 'Powys' braidd yn amwys gan nad oes cyfeiriad penodol at lwyth y Cornofiaid yn enw'r deyrnas newydd, yn wahanol i 'Dyfed', dyweder, sy'n enwi'r llwyth Celtaidd cynhenid. Mewn rhannau eraill o dir y Brythoniaid, roedd teyrnasoedd Ystrad Clud a Gododdin rhwng Mur Hadrian a Mur Antwn (de'r Alban heddiw), teyrnas Rheged yn Cumbria ac Elfed yng ngorllewin Efrog (ardal Leeds).

Doedd y teyrnasoedd Brythonig ddim yn cael ffynnu'n heddychlon, wrth gwrs. Dyma ddechrau cyfnod o rai canrifoedd o ryfela parhaus yn erbyn yr Eingl. Gwyddelod o'r gorllewin ac yn ddiweddarach Llychlynwyr a'u hymosodiadau o'r môr.

Yn 550, roedd y Brythoniaid yn rheoli hanner gorllewinol ynys Prydain yn ddi-fwlch o Stirling i Gernyw. Bu hanner can mlynedd o heddwch yn hanner cyntaf y chweched ganrif pan oedd y Brenin Arthur a'i wŷr meirch, efallai, yn cael y llaw uchaf ar yr Eingl. Ond ni pharhaodd y sefydlogrwydd hwnnw'n hir.

Bu pla enbyd ym Mhrydain yn niwedd y 540au ac efallai i effeithiau hwnnw adael bylchau i'r Eingl fanteisio arnynt i helaethu'u tiriogaeth. Ymledodd yr Eingl ar lannau

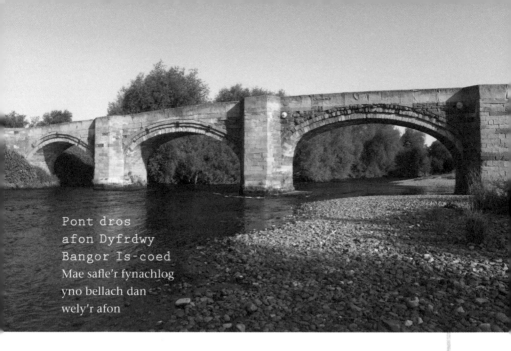

Pont dros
afon Dyfrdwy
Bangor Is-coed
Mae safle'r fynachlog
yno bellach dan
wely'r afon

Northumberland a gogledd swydd Efrog i'r fewnwlad a
sefydlu teyrnas Northumbria. Helaethodd teyrnasoedd
Angliaidd eraill tua'r canolbarth a'r de-orllewin. Bu brwydr
yng Nghatraeth tua 600 a chollodd Brythoniaid y Gododdin
eu rheolaeth dros ddarn helaeth o dir.

Tua 616, arweiniodd y brenin Aethelfrith fyddin
Northumbria yn erbyn y Brythoniaid yn ardal Caer. Yr Eingl
a orfu a lladdwyd Brochfael, hen frenin Powys (oedd erbyn
hynny wedi ymneilltuo i fynachlog Bangor Is-coed gerllaw,
mae'n debyg), a'i ŵyr, Selyf, brenin Powys ar y pryd. Wedi'r
frwydr lladdodd llu Northumbria tua 1,200 o fynaich o'r
fynachlog honno yn ôl cronicl Beda. Mae safle'r fynachlog
bellach dan ddŵr afon Dyfrdwy gan fod honno wedi newid
ei chwrs. Dyna, yn ôl yr hen ddamcaniaeth, ergyd i'r ddolen

ddaearyddol rhwng Brythoniaid Cymru a Brythoniaid 'Yr Hen Ogledd', sef Cumbria a de'r Alban.[1] Gyda Phowys wedi colli'i brenin a'i milwyr gorau, roedd eu gwlad yn agored i ymosodiadau pellach gan ryfelwyr Northumbria a fyddai'n dilyn cwrs afon Dyfrdwy i'w tiriogaeth. Bu brwydr Dyrham ger Caerfaddon yn 577 yn rhwyg arall dros y tir rhwng Brythoniaid Cymru a Brythoniaid Dyfnaint a Chernyw wrth i'r Sacsoniaid ddwyn tiroedd hyd at aber Hafren. Ond byddai cyswllt dros y môr yn parhau ar draws Môr Hafren a Môr Iwerddon, wrth gwrs. Dyna ffiniau'r Gymru fodern yn dechrau ymffurfio.

Dyma oes aur teyrnas yr Eingl yn Northumbria. O ddechrau teyrnasiad Aethelfrith yn Northumbria yn 592 hyd farwolaeth eu brenin Oswald mewn brwydr yn 642 ar Faes Cogwy (Croesoswallt bellach, mae'n debyg),

Maen Achwyfan
Yn ôl yr hanes, fe'i codwyd
i gofnodi'r galar am y 1,200
o fynaich a lofruddiwyd
wedi Brwydr Caer, tua 616

roedd teyrnas Northumbria wedi ennill tir yn ddychrynllyd. Roedd wedi lledaenu'n rhy gyflym i olygu mai proses o un werin yn tanseilio gwerin arall oedd hi. Awgrymwyd mai pŵer wedi'i sylfaenu ar gyrchoedd milwrol a welwyd ac yna rannu'r tir rhwng rhyfelwyr y brenin.[2] Grym yn cael ei gynnal drwy ymosodiadau ffyrnig a chyson oedd grym Northumbria – ni chawsant gyfle i wladychu'r tiroedd a gosod trefn lywodraethol newydd yn ei lle. Meddiannwyd tiroedd y Brythoniaid a hwythau'n dal i fyw ynddynt.

Cynghreiriodd Brythoniaid Powys a Gwynedd gyda theyrnas Mersia yng nghanolbarth Lloegr gan ennill ambell frwydr. Lladdwyd Edwin, olynydd Aethelfrith, gan fyddinoedd y gynghrair hon ym Mrwydr Meigen (Hatfield ger Doncaster) yn 632. Penda oedd arweinydd gwŷr Mersia ar y pryd a Chadwallon oedd yn arwain rhyfelwyr Gwynedd, ond wynebodd yntau ei ddiwedd mewn brwydr arall yn 634. O 640 ymlaen, Mersia oedd y deyrnas fwyaf grymus yn Lloegr a phan ddigwyddodd hynny, darfu am yr hen gynghrair rhyngddi a Phowys. Dechreuodd ymosod ar diroedd y gwastadeddau a'r bryngaearau yn yr Hen Bowys – anrheithiwyd Pengwern, llys Cynddylan, tua 643, mae'n debyg. Ond roedd Northumbria yn dal yn fygythiad i deyrnas Mersia yn y blynyddoedd hynny a lladdwyd Penda ganddynt ym Mrwydr Cai (Winwaed) yn 654.

---

[1] Mae map o'r Hen Ogledd ar wefan CBAC: *http://adnoddau-cbac.co.uk*. Yr Hengerdd a'r Cywyddau (Cyflwyno'r Gododdin – 9. Map o'r Hen Ogledd) gan Peredur Lynch a Marged Haycock, 2014

[2] T. M. Charles-Edwards, 'The Britons, the Northumbrians, and the Rise of Mercia', *Wales and the Britons, 350–1064*, Oxford University Press, 2013, t. 393

Offa, 'Brenin y Saeson'

Yn 679 trechodd y Mersiaid wŷr Northumbria ym mrwydr
Trent ac ar ôl hynny brenhinoedd Mersia oedd y bygythiad
mwyaf i'r Brythoniaid. Tir Cymru oedd y 'wlad' Frythonig
gyferbyn â Mersia a dyma gyfnod dwysach o ymosod ar Bowys
a Gwynedd. Mae tystiolaeth enwau lleoedd swyddi Caer (i'r
gogledd), Henffordd (i'r de), a Stafford (i'r dwyrain, hyd yn oed)
yn dangos yn glir bod llawer llai o enwau lleoedd Brythoneg
wedi goroesi yn swydd Amwythig nag yn y swyddi cyfagos.[3]
Bu gwladychu bwriadol yno a dyma'r rhan o'r Gororau sy'n
cael ei hamddiffyn gadarnaf gan Glawdd Offa.

Offa oedd brenin y Mersiaid rhwng 757 a 796 – ac ef,
efallai, oedd y cyntaf i arddel y teitl 'Brenin y Saeson'. O'i
deyrnasiad ef ymlaen, yn arbennig oherwydd ei waith yn
codi'r clawdd yn ffin rhwng y ddwy diriogaeth, gallwn sôn
am y bobl fel 'Cymry' a 'Saeson'. Mae tarddiad yr enw 'Cymry'
yn arwyddocaol yng nghyd-destun yr hanes hwn a dyma sut
mae Bedwyr Lewis Jones yn ei esbonio: 'Lluosog *Cymro* ydi
Cymry. Ac mae *Cymro* yn mynd yn ôl i air mewn Cymraeg
cynnar, a chyn hynny mewn Brythoneg, oedd yn gyfuniad
o *com* a *bro* "ardal, tir tu fewn i ffin". Ystyr yr enw *Cymro* ar
y dechrau oedd "gŵr o'r un fro, gŵr o wlad neu ardal tu fewn
i ffin". Ystyr *Cymry*, felly, ydi pobl o'r un fro, cydwladwyr.'[4]

Roedd y Clawdd dros dri metr o uchder mewn mannau,
yn ymestyn o Fryniau Clwyd i Rushock Hill i'r gogledd o
Geintun (Kington) yn swydd Henffordd. Wrth ei gysylltu
ar fap â Chlawdd Wat (o Ddinas Basing i Groesoswallt a rhan
isaf afon Gwy), dyma yn fras linell y ffin rhwng Cymru a Lloegr

o hyd. Roedd ffos ddofn ar ochr y Cymry o'r Clawdd a phalis coed ar ei gopa, mae'n debyg. Hwn oedd y prosiect peirianyddol mwyaf a welwyd yng Nghymru hyd ddatblygiadau'r Chwyldro Diwydiannol yn y ddeunawfed ganrif.

Mae haneswyr yn dal i ddadlau ynghylch union ddiben Clawdd Offa. Cynigir dadleuon ei fod yn gwarchod y tiroedd yr oedd Mersia wedi'u dwyn oddi ar Bowys; rheoli masnach yr oedd, medd eraill; llinell heddwch drwy gytundeb o'r ddeutu, dyna theori arall. Efallai fod ei ddiben wedi amrywio o fan i fan, yn ôl natur a hanes y teyrnasoedd o boptu'r Clawdd. Fel y gwelwyd, ni pheidiodd ymosodiadau ar Gymru ar ôl creu'r ffin – bu'n dioddef dan y Mersiaid yn 796 pan drechwyd y Cymry ym Mrwydr Morfa Rhuddlan. Yn 816, rhuthrodd lluoedd Coenwulf, brenin Mersia erbyn hynny, ar Ddyffryn Clwyd a meddiannu'r holl diroedd hyd at afon Conwy. Gwnaeth yr un peth eto yn 821 ond cafodd ei ladd mewn brwydr yn Ninas Basing y flwyddyn honno. Yn 823, ymosododd Mersia ar Bowys drachefn ond dechreuodd teyrnas Wessex wasgu ar Mersia o tua 829 ymlaen. O tua 850 ymlaen, sicrhaodd cyfuniad o arweinwyr grymus fod gan y Cymry fwy o reolaeth dros eu tir – a'r ffin – am gyfnod helaeth ar ôl hynny.

[3] T. M. Charles-Edwards, 'The Britons, the Northumbrians, and the Rise of Mercia', t. 421

[4] Bedwyr Lewis Jones, *Enwau*, Gwasg Carreg Gwalch, 1991, t. 4

Gent. Mag. April 1809. Pl.I.p. 297.

Charles R

Mari L

Piler Eliseg

Colofn ym Mhowys

Wrth droed Bwlch yr Oernant, ar ochr y ffordd rhwng Llangollen a Rhuthun, mae colofn doredig wedi'i gosod ar gorun tomen gladdu gyntefig. Pan oedd yn gyfan, roedd yn ymestyn i gryn uchder gyda chroes anferth ar ei blaen, yn tra-arglwyddiaethu ar dirwedd y dyffryn. Galwyd yr ardal yn 'Glyn y Groes' o'i herwydd a daeth hwnnw yn enw ar abaty Sistersaidd cyfagos yn ddiweddarach. Byddai'n atgoffa teithwyr o golofn Rufeinig yn ôl un hanesydd[5] – efallai ei bod wedi'i hailgylchu o hen gaer neu wedi'i llunio yn fwriadol yn yr arddull honno. Fe'i gelwir yn 'Piler Eliseg' (er mai Elise oedd enw'r brenin y codwyd y golofn i'w anrhydeddu).

Yn wreiddiol roedd 31 llinell o arysgrif ar y golofn, ond prin y gallwn ddarllen llythyren ohoni bellach. Yn ffodus iawn, galwodd yr ysgolhaig a'r archaeolegydd Edward Lhuyd heibio iddi yn yr ail ganrif ar bymtheg ac roedd yn medru dehongli'r rhan fwyaf o eiriau Lladin yr arysgrif bryd hynny. Noddwyd y golofn gan frenin Powys, Cyngen ap Cadell, a gwnaeth hynny i ddathlu camp ei hen daid, Elise ap Gwylog, a adferodd deyrnas Powys drwy ryfela yn erbyn y Saeson. Roedd Elise yn byw yn yr wythfed ganrif ac mae modd dyddio adferiad teyrnas Powys tano efallai i 757.[6] Llofruddiwyd Aethelbald, brenin Mersia, y flwyddyn honno a chafodd ei olynydd ei drechu gan Offa – roedd yn amser da i wŷr Powys daro'n ôl. Roedd yr arysgrifen

[5] T. M. Charles-Edwards, 'The Britons, the Northumbrians, and the Rise of Mercia', t. 414

[6] T. M. Charles-Edwards, 'The Britons, the Northumbrians, and the Rise of Mercia', t. 417

yn honni bod y Saeson wedi dal eu gafael ar Bowys drwy rym cleddyf a thân.[7]

Syrthiodd Powys drachefn i ddwylo Saeson Mersia yn 822 ond tybir hefyd (roedd yr arysgrif yn aneglur yn y rhan hon o'r golofn hyd yn oed yn nyddiau Edward Lhuyd) bod Cyngen yn ei dro wedi rhyddhau'r deyrnas eilwaith o afael y Saeson yn ddiweddarach – yn 825 o bosib, pan drechwyd teyrnas Mersia gan deyrnas Wessex. O fewn pedair cenhedlaeth, felly, collwyd ac adferwyd tiriogaeth Powys ddwywaith a chodwyd y golofn i ddathlu buddugoliaethau Cyngen a'i hen daid, Elise. Mae rhan gyntaf yr arysgrif yn olrhain llinach brenhinoedd Powys yn ôl i Wrtheyrn, oedd yn frenin ar ynys Prydain wedi ymadawiad y Rhufeiniaid ar ddechrau'r bumed ganrif.

Lle'r oedd Llys Pengwern?

Yn 1992, dechreuodd Steve Bristow ar y gwaith o greu parc hamdden ac adeiladu neuadd dderw ganoloesol yn y Gelli Gyffwrdd, ger y Felinheli. Yn ôl Adam Heath, cynllunydd y neuadd, astudiwyd neuaddau ym Mhowys megis Plas Cadwgan a Thŷ Mawr Castell Caereinion a chreu adeilad o gyplau'n ymestyn o'r llawr i'r grib. Cafodd coed derw gyda thro naturiol ynddynt eu dewis a'u torri, yna'u hollti'n eu hanner gan ddefnyddio'r ddau hanner i greu un cwpwl yn y dull traddodiadol. Mae olion neuadd o'r fath yn adfeilion Caerwrygon ac wrth fynd i Gelli Gyffwrdd gallwn gael syniad go dda o natur Stafell Gynddylan. Mae'n arweiniad inni wrth inni geisio rhoi darnau'r jig-so at ei gilydd a dyfalu ble yn union roedd Pengwern yr englynion.

Wedi difetha llys Cynddylan a lladd pendefigion Powys – mae'r hanesydd, y diweddar John Davies, yn dyddio'r ymosodiad ar Bengwern 'o gwmpas 642', gan nodi bod y cerddi wedi'u creu ryw ddau gan mlynedd yn ddiweddarach[8] –

Gelli Gyffwrdd

Adeiladu neuadd debyg i Stafell Gynddylan, Gelli Gyffwrdd ger y Felinheli

[7] T. M. Charles-Edwards, 'The Britons, the Northumbrians, and the Rise of Mercia', t. 418

[8] John Davies, *Hanes Cymru*, Penguin, 1990, t. 63

meddiannodd y Saeson y gwastadeddau hyd at ymylon ucheldir Cymru. Torrai hyn ar draws patrwm ffermio'r Brythoniaid, patrwm oedd yn seiliedig ar hendref ar lawr gwlad a hafod yn y bryniau. 'Roedd ffin o'r fath yn ansad; byddai gwŷr y bryniau'n siŵr o geisio ailfeddiannu'r gwastadeddau,' meddai John Davies.[9] Cyrchodd gwŷr Powys tua'r dwyrain yn 655, 705–7 a 722 yn ôl yr hanesydd, ac arweiniodd hyn at godi Clawdd Wat o Ddyffryn Hafren at aber afon Dyfrdwy rhwng 716 a 757. Adfywiodd Powys drachefn ar ôl 750, dan arweiniad Elise y tro hwn, gan ailfeddiannu'r hen diroedd o afael y Saeson, ond dilynwyd hynny gan ymosodiadau Offa ar y Cymry yn 778 a 784.

Yng nghyd-destun llanw a thrai teyrnas Powys, mae tystiolaeth archaeolegwyr yn awgrymu bod yr Hen Bowysiaid wedi gadael eu prifddinas lawr gwlad – Caerwrygon (yr hen Viroconium) – tua 550. Symudwyd y llys i Bengwern yn y cyfnod hwn, meddai John Davies, gan fod y safle hwnnw yn 'fwy amddiffynadwy'. Mae'n dipyn o gamp cysoni gwybodaeth hanesyddol, darganfyddiadau archaeolegol a'r disgrifiadau a geir yn y canu englynol am leoliadau penodol. Yn yr englynion, mae disgrifiad o neuadd braf ('Stafell Gynddylan') yn cael ei gysylltu â Phengwern. O astudio seiliau neuaddau o'r fath a godwyd gan y Cymry yn y cyfnod hwnnw (mae olion un yn y Forum yn adfeilion dinas Rufeinig Caerwrygon), gwelwn fod angen darn eithaf helaeth o ddaear wastad i godi'r fath adeiladwaith. Roedd cyflenwad helaeth o goed derw aeddfed yn hanfodol yn ogystal, i greu'r holl gyplau, trawstiau a thulathau oedd yn creu ffrâm y neuadd. Eto, mae'r enw'n awgrymu ei fod yn safle ym mhen draw tir corsiog, isel lle byddai coed gwern yn tyfu. Ar ben hynny, gellir dehongli bod un o englynion 'Stafell Gynddylan' yn dweud bod y neuadd ddrylliedig 'Ar ben craig gadarn'. Cyfeirir ynddynt at 'Eryr Pengwern' ac mae'n rhaid cael coed tal neu dir uchel a chlogwyni ar gyfer nythod eryrod. Mae'r englynion hefyd yn sôn am gân a gwledd a chwrw Trenn yn Stafell Gynddylan, felly mae tir addas i dyfu haidd er mwyn bragu diod gadarn ar gyfer y nosweithiau hynny yn elfen ddaearyddol arall y mae'n rhaid ei hystyried. Mae nifer o arbenigwyr wedi cynnig gwahanol safleoedd ar gyfer y Bengwern honno.

Roedd John Davies, ac archaeolegwyr Caerwrygon yn ogystal, yn ffafrio hen gaer Frythonig y Berth 'ger corsydd a llynnoedd i'r gogledd o Eglwysau Basau' fel safle Llys Pengwern.[10] Bryngaer lawr gwlad yw'r Berth, yng nghanol tir isel, gwlyb a chan fod tystiolaeth yn yr englynion bod Cynddylan wedi'i gladdu ar safle Eglwysau Basa, mae'n naturiol chwilio am dystiolaeth o'r llys brenhinol gerllaw. Ond prin yw'r derw a phrinnach byth yw'r cynefin eryrod yn y Berth.

Mae Patrick Sims-Williams o blaid lleoli Pengwern ar un o gopaon Mynydd Breiddin – bryngaer Moel y Golfa yn fwy penodol – sy'n edrych i lawr ar bentref a nant Tre-wern i'r gogledd-ddwyrain o'r Trallwng. Mae tystiolaeth archaeolegol yn dangos bod y lle'n cael ei ddefnyddio yn y bumed a'r chweched ganrif ac mae nifer o enwau lleoedd yn atgyfnerthu'r cynnig hwn, yn cynnig llawr gwlad gwlyb i'r llwyni gwern a chreigiau i nythod eryrod Pengwern ac Eli.[11]

[9] John Davies, *Hanes Cymru*, t. 63
[10] John Davies, *Hanes Cymru*, t. 62
[11] Patrick Sims-Williams, 'Powys and Early Welsh Poetry', *Cambrian Medieval Celtic Studies*, 67, 2014, tt. 44–52

Mae ardal mynydd Breiddin a Thre-wern i'r gogledd-ddwyrain o'r Trallwng wedi cael eu cynnig gan un ysgolhaig fel lleoliad posib i Lys Pengwern englynion Canu Heledd. Mae Tre-wern ar droed y bryniau, ac felly ym 'mhen y gwern' a fyddai'n tyfu yng nghorsydd gwlyb Dyffryn Hafren ar y pryd. Mae digon o enwau lleoedd yn cynnwys yr elfen 'gwern' yn yr ardal ac roedd llyn 'Pwll Gwern' ar un adeg lle mae'r ffordd fawr erbyn heddiw. Mae clogwyni addas i eryrod nythu arnynt ar gopa Moel y Golfa – y bryn agosaf at Dre-wern – a chanfu archaeolegwyr dystiolaeth o fywyd uchelwrol mewn caer yng nghefn y foel sy'n dyddio'n ôl i'r bumed a'r chweched ganrif. Yn uwch i fyny Dyffryn Hafren a'i is-afonydd, awgrymodd Ifor Williams y gellir lleoli tiriogaeth 'Eryr Eli' ar ucheldir Ceri (i'r de o'r Drenewydd) lle mae tarddiad afon Meheli.

Er bod Patrick Sims-Williams yn tynnu ein sylw at nifer o enwau lleoedd a ffermydd sy'n cynnwys yr elfen 'gwern' yn yr ardal, rhaid ystyried bod hynny yn wir am lawr pob dyffryn yn y cyfnod hwnnw – mae pentrefi Wern a Gwern-y-brenin yr ochr draw i'r dyffryn, er enghraifft, ar y ffordd tua Chroesoswallt. Mae enw Moel y Golfa'n awgrymu yr arferai'r bryn fod yn ddi-goed a byddai hynny'n golygu bod yn rhaid llusgo'r holl dderw ar gyfer codi Stafell Gynddylan i fyny'r llethrau serth. Nid mater o lusgo pyst i greu palis amddiffynnol ar furiau caer yw codi neuadd ffrâm gefngrom. Mae angen deugain tunnell o goed derw gleision i godi neuadd debyg i'r un yn y Gelli Gyffwrdd, ynghyd â phum cant o begiau i gloi'r cyfan. Mae'r grib tua 7.2 metr uwch y llawr a'i harwynebedd tua 30 metr wrth 10 metr. Neuadd llawr gwlad fyddai hi. Ydi hi hefyd yn gredadwy, yma ar dir sy'n rhan o Gymru o hyd, bod enw Moel y Golfa wedi goroesi ond bod enw Pengwern, enw ac iddo fwy o arwyddocâd, wedi diflannu?

Yn ôl Melville Richards, Tre-wern (Tre'r wern weithiau) yw'r ynganiad ac mae'n cadarnhau bod 'gwern' yn elfen sydd i'w gweld yn aml iawn mewn enwau lleoedd:

Enw cyffredin arall yw *Tre-wern*, a 'does dim diben inni restru'r holl enghreifftiau, ond tynnu sylw at un neu ddwy. Mae *Tre-wern* ym mhlwyf Hope yn Sir Drefaldwyn, ac Afon Hafren a'r Trallwng, yn hen, hen gyfannedd. Yr oedd enw Saesneg ar y drefgordd yn 1277 sef *Olreton*. Nid yw hyn ond ffurf ar y gair *alor* yn Hen Saesneg, sydd wedi mynd yn *alder* 'gwern' yn ddiweddarach. Yr oedd Tre-wern yn rhan o faenor Teirtref. Y ddwy dref arall oedd Cletterwood neu Buttington a Hope.[12]

---

[12] Melville Richards, *Enwau Tir a Gwlad*, Gwasg Gwynedd, 1998, t. 120

Os oedd hen neuadd yn yr ardal hon, efallai y dylid chwilio amdani ar lawr gwlad rhwng hen gors Pwll Tre-wern (gwely'r briffordd ger y pentref bellach) ac afon Hafren. Yno, mae olion Clawdd Offa yn ymadael â'u patrwm arferol o ddilyn troed bryniau'r dyffrynnoedd ac yn ymestyn hanner milltir i wastadedd y dyffryn, gwneud tro penelin a dirwyn am hanner milltir arall yn ôl at droed y bryniau. Yng nghesail y tro hwnnw, ar lawr y dyffryn, saif 'Trewern Hall' heddiw.

Llwyddodd Ifor Williams i leoli'r ail eryr y cyfeirir ato yn y canu englynol – Eryr Eli – yn uwch i fyny Dyffryn Hafren. Mae afon Meheli ('maes Eli') yn tarddu ar dir uchel Ceri i'r de o'r Drenewydd ac yn llifo drwy Lanmeheli. Mae'r englynion

Neuadd ar lawr gwlad

Os yw'n anodd gan rai goelio y byddai seiri'r Hen Bowys oedd yn adeiladu Neuadd Cynddylan wedi llusgo cyplau a thrawstiau derw anferth i fyny llethrau Moel y Golfa, gwelir safle arall sy'n fwy addas ar gyfer neuadd yn yr un ardal. Ger Tre-wern mae olion Clawdd Offa yn gadael llechweddau'r dyffryn i gynnwys talp helaeth o'r gwastatir a safle hen neuadd ganoloesol.

yn enwi 'dyffryn Meisir' fel rhan o gynefin Eryr Eli ac mae'r ysgolheigion wedi llwyddo i gysylltu'r lle hwnnw â Bryncaemeisir i'r de o Fanafon ar lethrau gogleddol Dyffryn Hafren. Mae hyn, ynghyd ag enwau eraill yn yr englynion, yn cryfhau'r cysylltiad rhwng Cynddylan a de Powys a gan arwain Patrick Sims-Williams i gredu y gallasai englynion Canu Heledd fod wedi'u cofnodi ar femrwn am y tro cyntaf mewn sefydliad mynachaidd ar safle eglwys Beuno Sant yn Aberriw.

Trewern Hall

Yng nghesail tro Clawdd Offa ar lawr y dyffryn, mae'r neuadd hon i'w gweld heddiw: 'Trewern Hall'. Yn ôl Murray Lloyd Chapman, y perchennog, y pen dwyreiniol (ar ochr dde'r llun) yw'r un hynaf. Pan godwyd hwnnw yn 1560 roedd neuadd agored Gymreig i'r chwith ohono. Pan ddirywiodd honno, cafodd ei dymchwel a chodwyd yr adain orllewinol yn 1610. Canfuwyd olion ffosydd amddiffynnol i'r hen neuadd a gellir dyfalu bod hwn yn hen safle, efallai yn hŷn na Chlawdd Offa gan fod hwnnw wedi mynd allan o'i ffordd yn amlwg er mwyn ei wahanu oddi wrth weddill llawr y dyffryn.

Ar ei daith drwy Gymru yn 1188, cofnododd Gerallt Gymro fod Pengwern yn un o dri phrif lys Cymru ar y pryd: 'Pengwern, ac a elwir yn awr Amwythig.'[13] Mae'n ategu hynny yn ei chwaergyfrol 'Disgrifiad o Gymru': 'Pengwern, hynny yw, pen y llwyn gwern, y gelwid gynt y lle y saif castell Amwythig yn awr.'[14] Ond 'Amwythig' yw'r enw Cymraeg lle mae Shrewsbury bellach, medd arbenigwyr eraill, ac mae'n annhebygol bod dau enw Cymraeg ar yr un safle. Ystyr 'amwyth' yn ôl Richard Morgan yw 'lle wedi'i amddiffyn',[15] a gellir dadlau bod hynny'n awgrymu bod gan y Cymry gaer yno ar un adeg ac y gallasai'r llys hwnnw uwch corsydd llawr gwlad fod wedi dwyn yr enw 'Pengwern'. Mae derw cydnerth yn tyfu yno ac mae llethrau coediog a chreigiog uwch yr afon.

Mae'r archaeolegwyr Roger White a Philip Barker yn awgrymu nad oes tystiolaeth wedi dod i'r amlwg eto bod unrhyw anheddu yn nolen afon Hafren yn Amwythig cyn yr wythfed ganrif.[16] Erbyn hyn, wrth gwrs, mae unrhyw dystiolaeth am lys Cymreig ar safle castell Amwythig wedi'i dileu, mae'n debyg, gan waith y Normaniaid yn codi tomen a buarth – 'mwnt a beili' – ar y safle yn yr unfed ganrif ar ddeg.

Castell Amwythig
Saif ar fryncyn creigiog uwch afon Hafren ac mae traddodiad maith mai dyma safle Llys Pengwern

Rhaid cydnabod, fodd bynnag, mai tystiolaeth Gerallt Gymro yn y ddeuddegfed ganrif yw'r dystiolaeth ysgrifenedig gynharaf, ac mae'n lleoli Pengwern yn gwbl benodol ar safle castell Amwythig. Ac y mae'r fath beth â thystiolaeth 'cof gwlad'.

Roedd gan y Powysiaid gadarnle ar y tir lle saif Amwythig heddiw pan oedd y gwastadeddau yn eu meddiant o dan arweiniad Elise – ar safle gwreiddiol Eglwys San Chad, esgob cyntaf Mersia, yn Ffordd y Coleg yn ôl traddodiad. Pan ganwyd cerddi Stafell Gynddylan a Heledd tua 850 efallai fod y cof am y llys hwnnw a'r cof am lys Cynddylan ym Mhengwern wedi'u cydblethu dros gyfnod o amser. Gall cof gwlad gadw'r enw'n fyw am amser maith, ond yn sicr mae hen ymwybyddiaeth wedi parhau ar lafar gwlad fod Llys Pengwern yn yr Hen Bowys tua'r dwyrain o Glawdd Offa. Clywsai Bedwyr Lewis Jones am yr ymadrodd 'gwynt o'r hen Bengwern' am wynt y dwyrain gan ŵr o ardal Mynydd y Briw, rhwng Llansilin a Llanrhaeadr-ym-Mochnant: 'Cwta chwe milltir sydd o Fynydd y Briw at Glawdd Offa. Mae gwynt y dwyrain yn chwipio'i ffordd yno o hyd, yn oer a milain, o gyfeiriad yr hen Bengwern ... Tu ôl i'r dywediad ... mae iasau o'n hanes – hen gof, hen hanes sy'n ymestyn yn ôl bron i fil a phedwar cant o flynyddoedd.'[17]

[13] *Gerallt Gymro*, cyf. o'r Lladin gan Thomas Jones, Gwasg Prifysgol Cymru, 1938, t. 81

[14] *Gerallt Gymro*, t. 170

[15] Richard Morgan, *Welsh Place Names in Shropshire*, Gwasg Prifysgol Cymru, 1997, t. 49

[16] Roger White a Philip Barker, *Wroxeter: Life and Death of a Roman City*, The History Press, 2002, t. 134

[17] Bedwyr Lewis Jones, *Yn Ei Elfen*, Gwasg Carreg Gwalch, 1992, t. 112

Barddoniaeth a chyfarwyddyd

Mae meddu ar lenyddiaeth gynnar yn rhoi bri a statws i'r iaith. Er nad oedd dim ohono wedi'i gofnodi hyd y nawfed a'r ddegfed ganrif, mae safon a chrefft canu cynnar Cymraeg yn destun rhyfeddod ac wedi gosod sail i draddodiad barddol cyfoethog sy'n parhau i ganghennu drwy waith beirdd Cymraeg cyfoes. Mae hefyd yn ychwanegu at ein stori fel pobl.

Mae'r ysgolheigion yn cyfeirio at y canu cynharaf un – Canu Taliesin a Chanu Aneirin – fel math arbennig o lenyddiaeth sy'n cael ei alw'n 'ganu arwrol'. Weithiau cyfeirir at y chweched ganrif fel 'Oes Arwrol yr Hen Ogledd'. Yr hyn a olygir wrth 'arwr' yn y cyd-destun hwn yw 'gŵr dewr, rhyfelwr'. Barddoniaeth am ryfelwyr a geir yng ngherddi Taliesin ac Aneirin a dyna un ystyr i'r label 'canu arwrol'.

Ond fel y mae'r Athro Peredur Lynch yn ei esbonio wrth gyflwyno Canu Aneirin, mae 'barddoniaeth arwrol' yn derm rhyngwladol yn ogystal.[1] Cerddi wedi'u seilio ar hanesion am frwydrau a chymeriadau milwrol ydynt. Fel arfer maent yn cyfeirio'n ôl at ryfeloedd yn y gorffennol gan ddyrchafu gwerthoedd fel ieuenctid mentrus, dewrder, ffyddlondeb i gyd-filwyr a phennaeth a gwlad a pharodrwydd i aberthu hyd angau. Rhoddir bri ar ymladd i'r eithaf ac mae hynny'n bwysicach na buddugoliaeth hyd yn oed. Mae'n swnio'n debyg i gân sylwebwyr o Gaerdydd ar ôl i dîm rygbi Cymru chwarae tîm o Hemisffer y De!

Dangosodd Gwyn Thomas fod byd y ffilm gyfoes yn defnyddio llawer o nodweddion llenyddiaeth arwrol. Mae ffilmiau cowbois Hollywood wedi creu rhamant arwrol o'r

Gorllewin Gwyllt – creadigaeth sy'n wahanol iawn i hanes go iawn ail hanner y bedwaredd ganrif ar bymtheg yn America. Yn yr un modd, mae llawer o ffilmiau'r Ail Ryfel Byd yn dilyn storïau personol ac yn creu mythau cyfoes nid annhebyg i epigau chwedlonol arwyr Groeg. Mae *Saving Private Ryan* (1998) yn enghraifft glasurol ac mae delfrydau llenyddiaeth arwrol yn amlwg hefyd yn y pwyslais ar filwriaeth ymysg y to ifanc yng nghyfres ffilmiau *The Hunger Games* (2012–15).

Mae rhai ysgolheigion diweddar yn amau bellach nad cerddi a gyfansoddwyd yn y chweched ganrif yw'r corff hwn o ganu – efallai ei fod yn seiliedig ar gerddi llafar a thraddodiadau hanesyddol a'r rheiny wedi'u newid a'u caboli wrth eu trosglwyddo o genhedlaeth i genhedlaeth cyn bod fersiynau'r Oesoedd Canol wedi'u cofnodi yn y llawysgrifau sydd wedi goroesi.[2]

Cerddi Taliesin

Yn y nawfed ganrif, dywed ffynhonnell hanesyddol fod beirdd – a Thaliesin ac Aneirin yn eu mysg – yn enwog am eu canu rhyfel yn ail hanner y chweched ganrif pan oedd y Cymry cynnar yn ymladd yn erbyn yr Eingl. Moli Urien, brenin talaith Rheged, ac Owain ei fab y mae Taliesin, gan gofnodi ei fuddugoliaethau yn erbyn y gelyn.

[1] Peredur Lynch, *http://adnoddau.cbac.co.uk*, dewis 'Yr Hengerdd a'r Cywyddau', Cyflwyno'r Gododdin

[2] Marged Haycock, *http://adnoddau.cbac.co.uk*, dewis 'Yr Hengerdd a'r Cywyddau', Cyflwyno cerddi Taliesin

Yn ôl cerddi Taliesin, trechodd Urien, ac Owain ei fab, a Brythoniaid Rheged luoedd yr Eingl dan arweiniad Fflamddwyn ym Mrwydr Argoed Llwyfain. Am eu ffyddlondeb a'u dewrder ar faes y gad, maent yn hawlio clod pencerdd y brenin:

> A'r fyddin a ymosododd gyda'r pennaeth:
> byddaf yn paratoi cân flwyddyn i'w buddugoliaeth.

Heriol yw natur y canu. Nid oes gan y fyddin ddewis ond brwydro:

> fe godwn amddiffynfa [o darianau] ar ben y mynydd,
> fe ddaliwn wyneb uwchben yr ymyl,
> fe ddyrchafwn waywffyn uwch pen dynion,
> fe ruthrwn ar Fflamddwyn yn ei luoedd,
> ac fe laddwn ef yn ogystal â'i fintai.

Mae brwydr yn golygu colledion, ond dyna natur rhyfela. Derbynnir hyn ochr yn ochr â'r mawl a'r bri:

> O flaen Argoed Llwyfain
> bu llawer celain;
> parodd y rhyfelwyr i'r brain gochi.[3]

Hyd yn oed pan leddir Owain, mab y brenin, mae gorfoledd wrth ei gofio. Er iddo gael ei ladd, profodd ei hun yn deilwng o'i dad a'i daid drwy ladd niferoedd ar faes y frwydr:

> Mae dynion Lloegr, yn fyddin lydan, yn cysgu
> â goleuni yn eu llygaid.
> Ac roedd y rheini nad oeddynt yn ffoi ond ychydig
> yn fwy hy nag y dylent fod:
> Cosbodd Owain hwy'n greulon
> fel haid o fleiddiaid yn erlid defaid.[4]

Gododdin Aneirin

Bardd byddin llwyth y Gododdin (de-ddwyrain yr Alban heddiw) oedd Aneirin. Cynullwyd y marchogion Brythonig gorau o ogledd Cymru a thaleithiau'r Hen Ogledd i greu mintai o dri chant o filwyr. Cawsant nawdd a gwleddoedd gan arglwydd llwyth y Gododdin am flwyddyn yn y llys yng Nghaeredin cyn cyrchu am Gatraeth (Catterick yn swydd Efrog heddiw) yn erbyn y 'Lloegrwys' (neu'r Eingl). Parhaodd yr ymladd bob dydd am wythnos a dim ond un (neu dri) a ddychwelodd i lys Mynyddog i adrodd yr hanes. Colli'r dydd yn erbyn niferoedd llawer mwy niferus a wnaeth y 'trichant' (honnir yn y canu bod hanner can mil o'r gelyn). Canodd Aneirin awdlau coffa i'r milwyr – ond nid galarganu y mae.

[3] Marged Haycock, *http://adnoddau.cbac.co.uk*, dewis 'Yr Hengerdd a'r Cywyddau', 'Brwydr Argoed Llwyfain', Y testun mewn Cymraeg modern

[4] Marged Haycock, *http://adnoddau.cbac.co.uk*, dewis 'Yr Hengerdd a'r Cywyddau', 'Marwnad Owain ab Urien', Y testun mewn Cymraeg modern

Catterick Garrison

Catterick Garrison heddiw – mae'n safle militaraidd o bwys o hyd

Nid hiraeth na thristwch na cholled yw nodweddion amlycaf y marwnadau ond balchder yn ffyrnigrwydd a ffyddlondeb y milwyr. Roedd yn well gan Hyfaidd Hir fynd yn fwyd i frain na phriodi; roedd mab Cian yn rhedeg i flaen yr ymosodwyr er mwyn ei hyrddio'i hun ar y gelyn; bu Tudfwlch yn ymladd am bob un o'r saith niwrnod cyn cael ei ladd; roedd Gwenabwy'n ddi-ofn wrth gamu i lenwi bwlch yn y rhengoedd; roedd cleddyf Gwyddnau'n atseinio ym mhen mamau (h.y. yn peri bod mamau'r gelyn mewn galar).

Mae nifer o linellau Aneirin yn dweud bod y marchogion wedi ymladd hyd angau 'i dalu am fedd' yn neuadd y brenin.

Greddf Gŵr

Un o awdlau Aneirin yn 'Y Gododdin'

Dyletswydd arglwydd neu frenin oedd rhoi gwledd – gan
gynnwys llawer iawn o'r ddiod 'medd', wrth gwrs – i'w osgordd.
Cafodd byddin Mynyddog flwyddyn o wleddoedd o'r fath.
Dyletswydd y milwyr yn eu tro oedd teyrngarwch ar faes y
gad hyd at roi'u bywydau yn hytrach nag ildio na chilio. O
wneud hynny, byddent wedi 'haeddu eu medd' ac yn haeddu
clod bardd y fyddin. Gan mor grefftus fyddai geiriau a llinellau'r
bardd, byddai enwau'r milwyr a'u campau yn para byth. Bedair
canrif ar ddeg wedi dyddiad Brwydr Catraeth, mae enwau llawer
o'r Brythoniaid a rhestrau eu gwrhydri ar gael inni o hyd,
ond ni wyddom enw yr un o'u gelynion. Pwy felly sydd
wedi goroesi? Dyna hanfod meddylfryd 'yr oes arwrol'.

Nifer o awdlau – cerddi byr yn cynnal yr un odl dros nifer
o linellau – yw'r gwaith a elwir 'Y Gododdin' gan Aneirin.
Teithiodd y tri chant o wŷr meirch, hufen milwriaeth y
Brythoniaid, o Gaeredin i'r frwydr waedlyd yng Nghatraeth.
Lladdwyd y trichant – ac mae'n bosib bod 'trichant' yn golygu
nifer y marchogion a bod llu o filwyr traed a gweision gan bob
un – ond molir eu dewrder a'u parodrwydd i ymladd hyd y
diwedd yn awdlau Aneirin.

Llanc ifanc oedd Owain fab Marro, yn ôl caniad cyntaf
cerdd Aneirin, ond roedd yn ymladdwr cystal â'r un dyn
profiadol. Gyda chrefft gynnil a chyrhaeddgar, mae'r bardd
yn crynhoi'r elfen hon i bedwar gair: 'Greddf gŵr, oed gwas
– [un a chanddo] gadernid gŵr [ond] llencyn o ran oedran'.[5]

[5] Peredur Lynch, *http://adnoddau.cbac.co.uk*, dewis
'Yr Hengerdd a'r Cywyddau', Cyflwyno'r Gododdin,
'Awdl I, Aneirin', Y testun mewn Cymraeg modern

Roedd dewrder a pharodrwydd i ymladd hyd y diwedd yn nodwedd o Buddfan fab Bleiddfan hefyd: 'Golchodd ei waed ei arfwisg.' Wrth bwyso a mesur ei gyfraniad (yn y caniad hwn y mae llinell enwog am swyddogaeth y bardd yn y cyfnod hwn – '[Wele] feirdd y byd yn ei ddyfarnu'n ŵr dewr'), nid yw'r bardd yn teimlo chwithdod wrth chwarae ar enw'r milwr, Buddfan: 'Bu'n fwyd [ar gyfer] brain, bu'n elw i frân'.[6]

Dim ond yn 'Y Gododdin' y ceir unrhyw dystiolaeth am y frwydr yng Nghatraeth ac am y rhyfelwyr Brythonig a gymerodd ran yn yr ymgyrch. Serch hynny, 'Ni olyga hynny nad oedd digwyddiadau hanesyddol yn gorwedd y tu ôl i'r gerdd'.[9] Mae darnau o'n hanes yn llinellau'r canu cynnar.

Er colli'r Gymraeg yn yr Hen Ogledd, cadwyd awdlau Aneirin a Thaliesin yn rhan o drysorfa'r iaith yma ar dir Cymru ac mae copïau llawysgrif ohonynt wedi goroesi o'r Oesoedd Canol. Un ddamcaniaeth yw bod ffoaduriaid o dir y Gododdin (cipiodd yr Eingl Gaeredin yn 638) wedi dod â gwaith Aneirin gyda nhw i Ystrad Clud a Manaw i ddechrau, efallai, cyn iddo gyrraedd tir Cymru. Crebachodd tiriogaeth y Gymraeg, ond daliwyd gafael ar yr hen ganu.

Englynion Llywarch Hen a Heledd

Yn yr englynion a gaiff eu hadnabod fel 'Canu Llywarch Hen' a 'Chanu Heledd' mae nifer o gyfeiriadau at arwyr yr Hen Ogledd. Erbyn hyn, mae ysgolheigion yn derbyn bod sawl cylch o ganu yma ac nad yw'r drefn y cawsant eu cofnodi mewn llawysgrifau bob amser yn datgelu hynny. Olrheiniwyd cylch o englynion am Urien, brenin hanesyddol ar deyrnas Rheged. Yn ôl yr englynion hynny, lladdwyd Urien gan Frython arall ac anrheithiwyd ei lys, Aelwyd Rheged.

Pennaeth yn yr Hen Ogledd oedd y Llywarch Hen hanesyddol hefyd, a chefnder i Urien. Fel yn achos cymeriadau eraill o'r Hen Ogledd, trosglwyddwyd traddodiadau am Lywarch i Gymru a'u hadleoli mewn gwahanol rannau o'r wlad. Beth bynnag am y seiliau hanesyddol, yn yr englynion amdano roedd yn byw yn nhiriogaeth Powys – yn y cyfnod pan gollodd y Brythoniaid lawer o dir i fyddinoedd Northumbria rhwng Brwydr Catraeth (tua 600) a Brwydr Caer (tua 616), o bosib. Yn yr englynion, roedd ganddo bedwar mab ar hugain a'u cyfrifoldeb oedd amddiffyn y llwybrau a'r rhydau ar ffin ddwyreiniol y deyrnas rhag ymosodiadau gan yr Eingl. O un i un lladdwyd y meibion i gyd yn y brwydrau parhaus i warchod eu treftadaeth.[7] Anogodd Llywarch ei fab olaf, Gwên, i warchod y ffin fel y gweddill a lladdwyd Gwên wrth wylio'r rhyd ar nant Morlas – roedd y dyffryn hwnnw yn yr Hen Bowys ar y pryd, ond erbyn heddiw mae yn swydd Amwythig. Collwyd y tir, ac yn englynion olaf y canu cawn ddarlun o Lywarch yn hen ac yn unig, yn bugeilio gwartheg ar y bryniau cyn cael ei wahodd i ymgartrefu ar aelwyd pendefig yn ardal y Bala.

---

[6] Diweddariadau gan Peredur Lynch, *http://adnoddau.cbac.co.uk*, dewis 'Yr Hengerdd a'r Cywyddau', 'Awdl XXIV', Aneirin, Y testun mewn Cymraeg modern

[7] A. O. H. Jarman, 'Y Gododdin', *Ysgrifau Beirniadol XX*, gol. J. E. Caerwyn Williams, Gwasg Gee, 1995, t. 60

Llys Pengwern a Stafell Gynddylan

Canlyniad brwydrau eraill fu lladd Cynddylan, uchelwr oedd
â'i lys ym Mhengwern ar wastadeddau swydd Amwythig. Mae
modd bwrw amcan fod yr arweinydd a'i frodyr wedi'u lladd
mewn cyrch gan fyddin Mersia tua 642 a llosgwyd eu llys. Yn
y canu englynol, cawn yr hanes drwy lygaid Heledd ei chwaer
– hanes trallodus am chwalu aelwyd ac eryrod yn bwyta cyrff
yr anwyliaid. Mae hithau'n crwydro hen lwybrau'r bryniau, yn
orffwyll gan alar. Bugeilio gwartheg yn ei dillad o groen geifr
yw tynged y gyn-dywysoges hon hefyd. Yn ôl cerdd wahanol
o'r enw 'Marwnad Cynddylan', roedd yn hanu o deulu
pendefigaidd Cynan Garwyn – ond dim ond yn yr englynion
y cawn hanes ei frodyr a'i chwiorydd. Canol y seithfed ganrif
yw'r cyfnod hanesyddol ond mae ysgolheigion yn gytûn nad
y cymeriadau hanesyddol yw awduron y geiriau a ganwyd
yn eu henwau.

Dangosodd Ifor Williams fod yr englynion yn rhan o
gyfanwaith mwy: stori, chwedl neu ymddiddan neu ddeialog
ddramatig hyd yn oed, gan ddefnyddio'r ffaith fod enghreifftiau
o englynion i'w canfod o fewn traethiad storïol chwedlau megis
Trystan ac Esyllt. Mae'n olrhain o leiaf dri math o chwedl,
neu gyfarwyddyd ('Un dull o ddifyrru'r amser oedd adrodd
chwedlau; ac un enw ar chwedl a hanes oedd *cyfarwyddyd*.
Gelwid y neb a'i dywedai yn *gyfarwydd*, yn y lluosog
cyfarwyddiaid').[8] Ceid cyfarwyddyd gydag ychydig iawn
o englynion ynddynt (megis y Mabinogi) a math arall fel
chwedl Trystan ac Esyllt oedd yn gwneud defnydd helaeth
o englynion ar gyfer ymson a deialog ond oedd â darnau

hanfodol o ryddiaith iddynt er mwyn cyfleu'r stori. Y trydydd math, meddai Ifor Williams, oedd y rheiny lle collwyd y darnau storïol ond y cadwyd yr ymsonau a'r deialogau ar ffurf englynion – a dyna'i ddehongliad o ffurf Canu Llywarch Hen a Chanu Heledd.

Rhannau anghyflawn yw'r canu o'r chwedlau cyfan yn ôl Ifor Williams. Ni chadwyd y darnau rhyddiaith ac mae sawl esboniad pellach yn cael eu cyflwyno gan ysgolheigion eraill a fu'n eu hastudio. Rhywun hoff o farddoniaeth wnaeth eu cofnodi gyntaf yw cynnig Gwyn Williams,[9] gan awgrymu nad oedd y person hwnnw am wastraffu'i amser yn ysgrifennu'r darnau rhyddieithol. Mae Gwyn Thomas yn canfod mwy na dim ond 'dau gylch o ganu Llywarch a Heledd' yn y canu englynol. Yn ogystal â dosbarthiadau Ifor Williams, mae'n canfod cylch Urien ac yn ychwanegu: 'y mae yma hefyd englynion am ryw Fab Claf o Abercuawg.'[10]

Roedd Ifor Williams yn credu bod darnau rhyddiaith helaeth yn dolennu rhwng y cyfresi englynion, yn debyg i'r hyn a geir mewn rhai chwedl-gerddi Gwyddeleg. Credai hefyd mai straeon dychmygol am gymeriadau hanesyddol er mwyn portreadu'r presennol a geir ynddynt. Nid yw Gwyn Thomas yn gweld hynny'n gydnaws â thraddodiad llafar y cyfnod. Mae'n rhesymu ei bod hi'n fwy tebygol bod digwyddiadau go iawn wrth wraidd yr hanesion, ond bod y rheiny wedi'u hymestyn a'u hystumio a'u talfyrru dros amser, yn ôl arfer

[8] Ifor Williams, *Canu Llywarch Hen*, Gwasg Prifysgol Cymru, 1935, t. xxxvii
[9] Gwyn Williams, *An Introduction to Welsh Poetry*, Faber and Faber, 1953, t. 32
[10] Gwyn Thomas, *Y Traddodiad Barddol*, Gwasg Prifysgol Cymru, 1976, t. 80

traddodiad llafar. Mae Jenny Rowland yn dadlau bod gwahaniaeth mawr rhwng yr englynion sy'n ymwneud ag arwyr hanesyddol o gyfnod rhyfelgar yn ein hanes a'r englynion yn y Mabinogi sy'n ymwneud â duwiau cyntefig, Celtaidd wedi'u dilladu â gwisgoedd cymeriadau mewn chwedlau hud a lledrith.[11]

Awgrym arall yw na wnaeth y llawysgrifwyr drafferthu cofnodi hanes Llywarch na hanes colli dwyrain Powys gan fod yr hanes hwnnw mor gyfarwydd i'w cynulleidfaoedd. Barn Jenny Rowland yw bod y cefndir hanesyddol yn ddigon adnabyddus ar gof gwlad fel nad oedd angen darnau rhyddieithol neu ddramatig i'w cyflwyno a bod dilyniannau o gerddi englynol yn sefyll ar eu traed eu hunain. Efallai y gallwn gymharu hynny â cherddi a chaneuon am Dryweryn dros yr hanner can mlynedd diwethaf. Nid oes angen troednodyn, nid oes

Y cof am Dryweryn

[11] Jenny Rowland (gol.), *A Selection of Early Welsh Saga Poems*, Modern Humanities Research Association, 2014, t. xvi

[12] Saunders Lewis, *Tynged yr Iaith*, Gwasg Gomer, 2012, t. 59

angen cyflwyniad nac esboniad – mae stori boddi Capel Celyn a natur rhai o gymeriadau a digwyddiadau'r cyfnod yn rhan o'n hymwybyddiaeth gyffredinol. Nid yw 'baledi' fel un Meic Stevens yn manylu ar ffeithiau storïol hyd yn oed, dim ond yn taro tinc telynegol am natur y 'dŵr oer' sy'n cysgu yn y cwm heddiw. Mae'n bosib bod yr un ymwybyddiaeth am gefndir yr hanesion yn bodoli ymysg cynulleidfaoedd y nawfed ganrif – nid baledi na sagâu yn adrodd cymalau'r stori sydd yn yr englynion, ond oedi uwch gwrthdaro ac ymateb emosiynol y cymeriadau i'w hamgylchiadau.

Cyfnod cyfansoddi'r englynion

Cawsant eu cyfansoddi, yn ôl pob tebyg, ar ôl i Offa gwblhau ei glawdd, yn dilyn ymosodiadau pellach ar Bowys a Gwynedd yn 822. Yr oedd cofio am y cymeriadau hyn a'u colledion, efallai, yn fodd o roi haearn yng ngwaed y cynulleidfaoedd. Nid anobaith fu canlyniad y canu am Dryweryn yn y 1960au ac ar ôl hynny, ond cryfhau'r penderfyniad cenedlaethol bod rheoli tir a dyfodol Cymru yn dod i ddwylo'r Cymry eu hunain a bod rhaid amddiffyn cymdogaethau Cymraeg. 'Pa achos a oedd i bobl Cymru wrthwynebu cynllun Corfforaeth Lerpwl ...' yw cwestiwn Saunders Lewis, gan ateb: 'Amddiffyn iaith, amddiffyn cymdeithas ydyw, amdddiffyn cartrefi a theuluoedd. Heddiw ni all Cymru fforddio chwalu cartrefi'r iaith Gymraeg.'[12] Mynnu parhau yn nannedd pob gormes oedd effaith Canu Llywarch Hen a Chanu Heledd hefyd, efallai, mewn cyfnod o wasgu pellach o gyfeiriad y ffin ddwyreiniol.

Yn ddiweddarach yn y nawfed ganrif, cododd Merfyn Frych i orsedd Gwynedd a sefydlu llinach o dywysogion llwyddiannus yno. Cryfhaodd Powys hithau. Dilëwyd y cof, meddir, am gefndir hanesyddol Llywarch Hen a Heledd gan gylch o chwedlau arwrol am Frython arall.[13] Pwy oedd eisiau clywed am hen ŵr moel, gwanllyd a chwaer alarus a hithau'n oes y brenhinoedd oedd unwaith eto'n medru herio brenhinoedd Lloegr a dal eu tir? Rhoed bri ar straeon Arthur a'i farchogion; pylodd y cof am gymeriadau dioddefus y chweched a'r seithfed ganrif.

Ond mae adrodd straeon yn perthyn i lenyddiaeth y gwerinoedd tlawd, anweledig yn aml. Daw'r gair 'Celt' o'r Groeg o bosib: *keltoi*, 'y bobl gudd' – pobl gudd, yn yr ystyr bod eu diwylliant yn un llafar yn unig ac nid yn un ar glawr fel diwylliant y Groegiaid. Mae darnau mydryddol yn cydio yn y cof er eu gwaethaf ac yn goroesi cymylau amser. Mae profiadau'n cael eu potelu mewn ffurfiau rhy gaeth i newid llawer arnynt. Aiff y naratif rhyddiaith i ddifancoll, ond mae haenau dyfnach sy'n cynnwys dyfyniadau hawdd eu cofio, doethineb a dweud prydferth a chyrhaeddgar yn parhau o genhedlaeth i genhedlaeth nes y bydd llaw yn eu rhoi ar femrwn yn y diwedd.

'Stafell Gynddylan', o Lyfr Coch Hergest

Cofnodwyd englynion Canu Llywarch Hen a Chanu Heledd yn Llyfr Coch Hergest (tua 1382–1405) a Llyfr Gwyn Rhydderch (tua 1350), ac mae'r ysgolheigion yn siŵr bod llawysgrifau coll wedi'u cynnwys cyn hynny. Mae Jenny Rowland yn dyddio'r englynion i gyfnodau manylach nag Ifor Williams, gan ddod i'r casgliad bod cyfnod eu creu yn ymestyn o ddiwedd yr wythfed ganrif i ganol y nawfed ganrif a bod rhai yn perthyn i'r ddegfed ganrif, a hynny ar sail astudio eu horgraff a'u nodweddion ieithyddol. Wrth geisio dyddio'r gwahanol gylchoedd o englynion, mae'n cydnabod mai amhenodol iawn yw'r amser a nodir ar gyfer canu'r Cynfeirdd. Roedd Canu Llywarch Hen a Chanu Heledd yn ymwneud â digwyddiadau hanesyddol hyd yn oed pan gawsant eu cyfansoddi. Mae'r ddau gylch yn wahanol iawn i'w gilydd o ran digwyddiadau a themâu yn ogystal, ac mae'n dod i'r casgliad nad ydynt yn perthyn i'r un cyfnod nac, o bosib, yn waith yr un awdur.[14] Dioddef cyfres o golledion ar hyd ei oes faith a wnaeth Llywarch; un gyflafan erchyll yn cipio'i theulu a'i haelwyd oddi arni oedd profiad Heledd. Mae'n cytuno â damcaniaeth Ifor Williams bod cwymp Powys, 800–850 yn creu cefnlen addas i Ganu Heledd. Mae hefyd yn awgrymu mai'r englynion ymddiddan â Gwên a marwnad Gwên yw'r rhai cynharaf o Ganu Llywarch Hen ac y gellid eu dyddio rhwng diwedd yr wythfed a chanol y nawfed ganrif a bod Cân yr Henwr yn dilyn hynny.

[13] N. J. A. Williams, 'Canu Llywarch Hen and the Finn Cycle', *Astudiaethau ar yr Hengerdd*, gol. Rachel Bromwich ac R. Brinley Jones, Gwasg Prifysgol Cymru, 1978, tt. 263–4
[14] Jenny Rowland, *Early Welsh Saga Poetry: A Study and Edition of the* Englynion, D. S. Brewer, 1990, tt. 387–9

Pwy oedd awduron a chynulleidfaoedd yr englynion?

Roedd y canu mawl i dywysogion yr Oesoedd Canol – gwaith
Beirdd y Tywysogion neu'r Gogynfeirdd – yn gynnyrch beirdd
llys. Dyma feirdd mawl proffesiynol eu cyfnod a chaiff eu statws
ei ddiffinio yng Nghyfraith Hywel. Sonnir yno am y *pencerdd*
a'r *bardd teulu* (bardd yr osgordd filwrol). Er bod dadleuon
mawr ynghylch gwir hynafiaeth Canu Aneirin a chanu
'hanesyddol' Taliesin, y maent yn perthyn i fyd y beirdd llys
yn yr ystyr mai marwnadau a mawl i unigolion sydd yma.
   Ond pwy oedd awduron y canu englynol? Ai cynnyrch
y beirdd llys oedd y canu hwn hefyd? Natur storïol sydd i'r
englynion, gyda chymeriadau'n siarad neu'n ymddiddan ac
mae llais y bardd yn y cefndir yn rhywle. Ni chadwyd enwau'r
beirdd chwaith. Mae Jenny Rowland yn ymddiddori yn y ffaith
bod dau englyn yn chwedl Culhwch ac Olwen wedi'u tadogi
ar Arthur a bod cyfeiriad ato fel 'oferfardd' yn y Trioedd. 'Bardd
rhan-amser' neu 'bardd answyddogol' yw ystyr 'oferfardd',

Llyfr Taliesin

[15] Jenny Rowland,
*Early Welsh Saga
Poetry*, t. 356

[16] Jenny Rowland,
*Early Welsh Saga
Poetry*, t. 360

[17] Jenny Rowland,
*Early Welsh Saga
Poetry*, tt. 362–3

meddai – nid bardd sy'n gwastraffu'i amser. Mae'n tynnu ein sylw hefyd at y ffaith fod englynion tair llinell yn cael eu galw'n 'ofer fesurau' yng ngramadeg y beirdd.[15] Mae'n bosib, yn ôl Ifor Williams, mai beirdd is na phencerdd y brenin neu storïwyr (cyfarwyddiaid) oedd yr awduron ac mai'u cynulleidfa hwy fyddai'r frenhines a'i morwynion neu filwyr y neuadd.

Er eu bod yn uniongyrchol o ran arddull, meddai Jenny Rowland,[16] nid penillion syml yw'r englynion hyn. Nid 'canu gwerin' mohonynt, meddai – mae gormod o grefft geiriau ynddynt. Mae'n dadlau nad yw'r ffaith bod y Gogynfeirdd yn anwybyddu'r mesur tair llinell nac yma nac acw – mae yna 'ffasiwn' mewn mesurau ac roeddent hwy'n ffafrio'r englyn pedair llinell, ond doedd un llinell ychwanegol ddim yn newid llawer ar natur y mesur.

Mae eu testun yn wahanol. Ychydig o ganu mawl sydd wedi goroesi gan y Cynfeirdd – does fawr ddim ond canu mawl yn perthyn i'r Gogynfeirdd. Roedd gwybod eu hanes yn rhan o swyddogaeth y beirdd ac mae ganddi enghreifftiau o waith y Gogynfeirdd sy'n adleisio llinellau o englynion y Cynfeirdd.[17] Mae hynny, meddai, yn dangos parch at eu cyfraniad i'r traddodiad barddol a chydnabyddiaeth o safon eu hawduron. Gallwn ystyried y canu englynol yn barhad o'r un traddodiad ag awdlau Taliesin ac Aneirin ac yn rhagflaenydd canu mawl y Gogynfeirdd. Er na wyddom pwy oeddent na beth oedd eu statws, roedd y rhain yn feirdd o'r iawn ryw – hynny ydi, roedd y cerddi, mae'n debyg, yn gynnyrch beirdd llys. Cawsant eu cyfansoddi'n llafar a'u cofnodi yn ddiweddarach ac mae hynny'n golygu bod englynion wedi'u colli a bod rhai eraill wedi 'crwydro' i mewn i'r canu.

Undeb Powys a Gwynedd

Bu cryn dipyn o ddyfalu a damcaniaethu ynglŷn â natur a bwriad Canu Llywarch Hen. Mae Patrick Ford wedi cynnig mai ffordd o ddyrchafu llinach Merfyn Frych ar orsedd Gwynedd yw'r englynion hyn, drwy gysylltu brenhinoedd Gwynedd ag arwyr yr Hen Ogledd drwy gangen Dwg, un o feibion Llywarch.[18] Mae eraill, yn cynnwys Ifor Williams, wedi amau mai tipyn o embaras i frenin nerthol fyddai cael ei gysylltu â hen ŵr methiannus a methedig, yn crwydro'r wlad a chwyno'i fyd gan bwyso ar ei ffon fagl.

Dywedodd yr hanesydd John Davies mai'r canrifoedd rhwng 800 a 1300 a welodd egin dyfodol Cymru'n cael ei ffurfio: 'Canrifoedd cyffrous a llawn addewid oeddynt.'[19] Un o ganlyniadau codi Clawdd Offa oedd dyfnhau'r ymwybyddiaeth genedlaethol Gymreig a dechreuwyd cydio teyrnas wrth deyrnas i greu undod gwleidyddol o dan un arweinydd. Drwy etifeddu a phriodi ymysg teuluoedd brenhinol eraill, cryfhaodd dylanwad teyrnas Gwynedd pan ddaeth Merfyn Frych i'r orsedd yn 825 a Rhodri Mawr i'w olynu yn 844. Yn 855, daeth Powys i feddiant Rhodri Mawr yn ogystal, pan etifeddodd deyrnas ei ewythr Cyngen – y dathlwyd ei fuddugoliaethau ar Biler Eliseg. Dyma ganol cyfnod cyfansoddi englynion cylchoedd Llywarch Hen a Heledd.

Roedd Rhodri Mawr yn ddisgynnydd i linachau brenhinol yr Hen Ogledd, gan gynnwys Llywarch Hen ei hun. Dyma gyfnod dechrau cofnodi Canu Taliesin ac Aneirin ar femrynau am y tro cyntaf yn ôl yr arbenigwyr – a than nawdd llys brenhinol Gwynedd y digwyddodd hynny. Roedd cysylltiad â'r hen arwyr o'r taleithiau coll yn bwysig i sefydlu arbenigrwydd llinach Gwynedd. Gan fod cyfansoddi Canu Llywarch Hen a Chanu Heledd yn cyd-ddigwydd â hyn i gyd, mae'n bosib dyfalu mai ffordd ddramatig arall o ddyrchafu llinach Gwynedd oedd llunio'r englynion yn wreiddiol, gan atgoffa'r gynulleidfa bod mantell Llywarch Hen a Gwên fel 'gwarchodwyr y ffin' bellach yn cael ei gwisgo gan Rodri Mawr. Rhodri oedd amddiffynnydd Powys rhag Wessex, a brwydrodd yn llwyddiannus i wneud hynny ar hyd ei oes nes cael ei ladd mewn brwydr yn erbyn y Saeson yn 877.

Yn ôl John Davies, 'Gwewyr Powys yn y blynyddoedd o gwmpas 850 a ysbrydolodd y bardd a luniodd Ganu Heledd'.[20] Mae gwewyr yn y canu yn sicr, ond mae amddiffyn y ffin yn thema sylfaenol ynddo yn ogystal. Dros y ffin o'r dwyrain y daw'r ymosodiad sy'n chwalu'r teulu a'r dreftadaeth. Rhaid bod yn effro rhag cyrch arall o'r dwyrain a rhaid parhau i wylio a gwarchod y ffin hon sy'n cadw'n hunaniaeth. O'r gorllewin, drwy Fwlch Maen Gwynedd fel y gwelwn yn nes ymlaen, y daeth Rhodri a'i ryfelwyr – ond nid dod i feddiannu Powys a wnaethant, ond dod i'w gwarchod rhag y perygl parhaus a oedd yn ei hwynebu o'r dwyrain. Mae'r cylchoedd o englynion a'u dramâu cerdd emosiynol yn cynnwys is-neges sy'n eu gosod yn ôl ar ganol llwyfan gwleidyddol y dydd, fel cerddi arwrol Taliesin ac Aneirin.

[18] Patrick K. Ford, 'Llywarch, Ancestor of Welsh Princes', *Speculum* 45.3 (1970), tt. 442–50
[19] John Davies, *Hanes Cymru*, Penguin, 1990, t. 78
[20] John Davies, *Hanes Cymru*, t. 82

5 Llywarch Hen a Gwên

Yng Nghanu Llywarch, mae tair cyfres o englynion y gellid
eu gosod i ddilyn ei gilydd fel golygfeydd mewn drama –
ymddiddan, neu ddadl, lle mae Llywarch Hen yn annog
ei fab olaf, Gwên, i fynd i warchod ffin y deyrnas mewn lle
peryglus; marwnad Gwên, lle mae'r tad bellach yn galaru
wrth sylweddoli beth sydd wedi digwydd, a hynny'n arwain
at ei gwyn-gân olaf i'w gyflwr truenus, yn hen ŵr methedig
ac unig. (Gweler tt. 179–89) O wybod allanolion yr hanes,
gallai'r tair golygfa hon gael eu cyflwyno drwy'r englynion
sydd wedi goroesi yn unig. Maen nhw felly'n fwy na sgerbydau
o stori helaethach, ac yn y sgwrsio rhwng cymeriadau sydd
ynddyn nhw mae egin o ddrama gynnar Gymraeg.[1]

[1] Jenny Rowland,
*A Selection of Early
Welsh Saga Poems*,
MHRA, 2014,
t. xvi

Bryn Selatyn
Mae bryngaer
Frythonig ar y copa
a hen garnedd o'r
Oes Efydd

Fel y dywedwyd, mae ysgolheigion at ei gilydd yn weddol gytûn mai tua chanol y nawfed ganrif y cyfansoddwyd Canu Llywarch Hen, er y gall rhai englynion fod yn hŷn a rhai ychydig yn ddiweddarach. Mae eu lleoli yn ddaearyddol yn creu mwy o benbleth a dadleuon. Gan fod y llinell 'Powys, paradwys Cymru' yn ymddangos yn un o'r englynion, cawsant eu cysylltu â gogledd y dalaith honno a thiroedd tua'r dwyrain yn hen wlad y Cornofiaid. Mae Ifor Williams yn medru olrhain nifer o'r enwau lleoedd yn yr englynion i enwau yn y diriogaeth honno. Yr enw amlycaf yw Morlas, nant fechan sy'n llifo o fryniau Selatyn yn swydd Amwythig gan ymuno ag afon Ceiriog i'r gogledd o Lanmorlas. Dyma ardal oedd dan fygythiad lluoedd Northumbria ar ddechrau'r seithfed ganrif, cyfnod hanesyddol Llywarch a Gwên.

Tŵr Selatyn
Codwyd y tŵr yn 1847 gan dirfeddiannwr lleol, Mr Crewe o Pentre-pant, i gofnodi traddodiad lleol bod Gwên ap Llywarch wedi'i gladdu yno. Mae'n bosib ei fod yn cael ei ddefnyddio fel cysgod picnic neu le i swatio i saethu grugieir gan fod y bryn dan gnwd o rug yn ystod Oes Fictoria. Bu Goronwy Owen yn giwrad yn Selatyn ganrif ynghynt

Lleoli Llywarch ym Mrycheiniog

Er hynny, mae'r ysgolhaig Patrick Sims-Williams yn dadlau bod modd creu achos o blaid lleoli englynion Canu Llywarch Hen yn nheyrnas Brycheiniog, gyda'i chanolfan frenhinol ac eglwysig yn Llan-gors,[2] er ei fod yn derbyn bod Canu Heledd yn perthyn i'r Hen Bowys. Mae'n canfod nifer o enwau lleoedd ym Mrycheiniog / Henffodd y gellir eu cysylltu â phump o bedwar mab ar hugain Llywarch. Colyn dadl yr Athro Sims-Williams yw bod 'Rhyd Forlas' a 'Rhodwydd Forlas' yn deillio o'r camsillafiadau 'uorlas' a 'vorlas' ac y dylid eu darllen yn 'gorlas', sef ansoddair yn golygu 'glas iawn'. Felly, meddai, ar glawdd glas iawn ger rhyd las iawn ar afon Llawen (ac mae un i'w chanfod i'r gorllewin o Lan-gors) y lladdwyd Gwên. Mae'n cyfeirio hefyd at yr enw 'Clawdd Llywarch Hen' a geir i'r dwyrain o Lan-gors. Mae'n cydnabod mai traddodiad diweddarach sydd y tu ôl i'r enw hwnnw, gan nodi bod digon o dystiolaeth mewn mannau eraill o gysylltu Llywarch a'i feibion ag enwau lleoedd mewn canrif ddiweddarach. Ond mae'n gweld arwyddocâd i'r enw – eto, nid yw'n cynnig esboniad pam nad yw'r enw hwnnw yn agos at afon Llawen tua'r gorllewin.

Nid yw'r ddamcaniaeth hon yn esbonio pam y mae'r un ansoddair tybiedig wedi'i ddefnyddio i ddisgrifio clawdd a rhyd. Mae rhychwant eang o liwiau i'r gair 'glas' yn y Gymraeg – o'r lliw llwyd, drwy sbectrwm indigo / glas golau i wyrdd a gwyrddlas. Go brin mai yr un 'glas' a geid ar y clawdd ag a geid yn y rhyd, hyd yn oed os oeddent yn yr un lle – fel arfer cerrig sydd mewn rhyd, ac os yw'n cael ei defnyddio nid oes tyfiant 'gwyrdd' ynddi.

Gwelodd ffin ddwyreiniol Brycheiniog frwydro rhwng
Cymry a Saeson yng nghanol yr wythfed ganrif ac o Fersia yng
nghanolbarth Lloegr y deuai'r bygythiad bryd hynny. Unwaith
eto, nid yw afon Llawen (i'r gorllewin o Lan-gors) yn cynnig
ffin ddaearyddol gywir yn y cyd-destun hwnnw ac yn sicr nid
yng nghyd-destun daearyddiaeth a hanes dechrau'r seithfed
ganrif, sef dyddiau Llywarch ei hun, pan ddôi'r perygl o ogledd-
ddwyrain Lloegr, gyda glannau Dyfrdwy a Cheiriog tua Phowys.

Mae Patrick Sims-Williams yn awgrymu bod nifer o
gamsillafiadau yn y testun a bod tystiolaeth fydryddol (yr angen
i gyflythrennu yn bennaf) yn awgrymu sillafiadau gwahanol.
Os oedd cyflythrennu yn y testun gwreiddiol, gellid tybio y
byddai hwnnw wedi'i gadw wrth ei gopïo – mae addurn o'r
fath yn tynnu sylw ato'i hun. Fel y gwelwn yn y man, nid oedd
goraddurno yn gyffredin yn yr englynion hyn, fodd bynnag.
Gan fod testun y llawysgrifau yn perthyn i gyfnod pan oedd
cyflythrennu erbyn hynny yn elfen hanfodol ymhob llinell o
bob cerdd, gellid dadlau bod y copïwr wedi gweld neu glywed
cyflythrennu nad oedd yn bodoli yn y gwreiddiol. Mae Ifor
Williams (a Gwyn Thomas wrth baratoi'r diweddariad o'r
testun) yn awgrymu hynny wrth gynnig mai camsillafiad
yw 'gorlas'. Gan fod clust y llawysgrifwr yn fwy cyfarwydd
â chlywed cyflythrennu erbyn y cyfnod hwnnw, gallasai fod
wedi cofnodi 'glawdd gorlas' yn hytrach na 'glawdd Forlas'.[3]

[2] Patrick Sims-Williams, 'The Provenance of the
Llywarch Hen Poems: A Case for Llan-gors, Brycheiniog',
Cambrian Medieval Celtic Studies, 26, 1993, tt. 27–63

[3] Ifor Williams, *The Beginnings of Welsh Poetry* (gol.
Rachel Bromwich), Gwasg Prifysgol Cymru, 1972, t. 138

Nid oedd cytseinedd yn orfodol na hyd yn oed yn ddisgwyliedig mewn englynion yn y cyfnod hwnnw, yn arbennig os oedd odl fewnol yn y llinell yn barod ('Oer adrawdd, ar glawdd gorlas'). Mae pymtheg englyn yn 'Marwnad Gwên' ac mae odl fewnol mewn deunaw llinell ynddynt ond dim ond mewn un llinell y ceir odl fewnol yn cael ei dilyn gan gytseinedd rhwng yr ail odl a rhan olaf y llinell ('Bedd Gwên fab Llywarch Hen hwn'). Yn y canu hwn, mae defnyddio enwau lleoedd (yn arbennig ym mhrifodl y llinellau) yn llawer mwy arferol na defnyddio ansoddeiriau i ddisgrifio lleoliad: hynny yw, 'clawdd Forlas', nid 'clawdd gorlas'.

Y gwir amdani yw na all neb fod yn sicr wrth drin a thrafod lleoliadau'r englynion,[4] ond efallai fod angen gadael llyfrgelloedd a mynd am y meysydd a dilyn afonydd a cheisio 'rhodwydd' a 'rhyd' ar dro. O fynd i ddyffryn nant Morlas a'i ganfod yn gul a serth, gyda chysgod haul yno dan y llethrau coediog, gwelir mai priddllyd a moel ydi'r clawdd wrth y rhyd, nid un gyda chnwd da o laswellt drosto.

Rhodwydd, clawdd a rhyd

Wrth gyfeirio at nant Morlas, mae'r enw'n cael ei gydio wrth y tair elfen uchod. At ddiben y gyfrol hon, derbyniwn farn yr ysgolheigion sy'n awgrymu mai 'clawdd Forlas' y dylid ei ddarllen.[5]

[4] Ifor Williams, *The Beginnings of Welsh Poetry*, t. 44: 'Obviously there may have been other rivers called Llawen in the border country.'

[5] Ifor Williams, *Canu Llywarch Hen*, Gwasg Prifysgol Cymru, 1935, t. 67

Eglwys Rhodwydd Geidio ('Rhodogeidio')

Ar fryncyn i'r gogledd o Lannerch-y-medd, Môn. Fel mae'r enw 'rhodwydd' yn ei awgrymu, codwyd yr eglwys ar dwmpath pridd oedd yn wylfan dros wlad eang. Mae'r twmpath yn 1.5–2 fetr o uchder ac yn cyrraedd at frig y wal gerrig sy'n cynnal y fynwent gron.

GLAN RHYD
RHODOGEIDIO

Tomen y Rhodwydd
Safle castell Tomen y Rhodwydd (neu
'Rhodwydd yn Iâl') oedd yn amddiffyn yr
adwy ddwyreiniol i flaenau Dyffryn Clwyd

Mae'r elfen 'Rhodwydd' yn digwydd mewn mannau eraill.
Ym Môn, ceir plwyf bychan Rhodwydd Geidio ('Rhodogeidio'),
tua saith milltir i'r gogledd-orllewin o Langefni. Yn ôl archwilwyr
hanesyddol, mae'r fynwent yng nghanol y llan yn gron ac wedi'i
chodi ar dwmpath neu domen o bridd, rhyw bump i chwe
throedfedd yn uwch na lefel gyffredinol y tir o gwmpas. Yn y
bedwaredd ganrif ar bymtheg y codwyd yr adeilad presennol
ond sefydlwyd llan yno gan sant Brythonig o'r chweched ganrif,
Ceidio. Roedd yn arferol gan y seintiau feddiannu llecynnau
oedd ag arwyddocâd hynafol iddyn nhw – meini hirion,
ffynhonnau, cylchoedd 'derwyddol' ac ati. Mae'r domen

hon ar ben bryncyn coediog ac amlwg ac mae'r elfen 'rhodwydd' yn yr enw yn awgrymu mai 'tomen gron' a ddefnyddid fel amddiffynfa neu wylfa sydd yma.

Ym mhen uchaf Nant y Garth yn Iâl, gwelir Tomen y Rhodwydd. Codwyd castell pren ar y domen bridd honno gan Owain Gwynedd yn 1149 i gefnogi'i ymgyrchoedd yn erbyn brenhinoedd Powys. Mae'n dal i fod yn domen nodedig, yn 24 troedfedd o uchder gyda chwmpas o 66 troedfedd iddi, ac yng nghyfnod Owain byddai'n wylfa amlwg ac yn rheoli'r adwy honno uwch Dyffryn Clwyd.

Yn ôl un dehongliad, fel y gwelsom yn y Rhagair, 'cylch / rhod' o 'goed / gwŷdd' yw 'rhodwydd'.[6] Ond mae Ifor Williams yn tynnu ein sylw at y posibilrwydd bod y terfyniad '-wydd' yn y Gymraeg yn gysylltiedig â *vid-* yn Lladin: gweld.[7] Mae'n sicr mai 'gŵydd' (sef 'golwg', fel yn y dywediad 'yng ngŵydd pawb') yw'r ail elfen – gwyddfa / gwylfa.[8] Mae Bryn Gŵydd – bryn moel lle gellir cadw golwg dros y môr – ger Edern yn Llŷn yn ategu'r ynganiad hwnnw. Yr un yw'r elfen '-wydd' yn yr enw â'r hyn a geir yn 'Yr Wyddfa', sef beddrod, tomen neu 'orsedd' o bridd yn wreiddiol yn ôl Ifor Williams.[9] Os bu ymladd wrth y rhyd, roedd cyrff i'w claddu. Ai codi pridd trostynt yn y rhodwydd a wneid tybed? Mae'n anodd dychmygu'r fath beth, ond efallai fod cyrff a chladdfa'r rhai a syrthiodd wrth Ryd Forlas yn rhan o Rodwydd Forlas oedd yn amddiffyn yr adwy.

[6] Baring-Gould a Fisher, *Lives of the British Saints,* Cymdeithas y Cymmrodorion, 1908, t. 99

[7] Ifor Williams, *Early Welsh Poetry*, Dulyn, 1970, t. 7

[8] Ifor Williams, *Canu Llywarch Hen,* t. 160

[9] Ifor Williams, *Enwau Lleoedd*, Gwasg y Brython, 1945, t. 13

Tomen y codwyd gwylfa – lle i gadw golwg – ar ei chopa yw ystyr 'rhodwydd' ac yn ogystal â chael eu lleoli ar ben bryncyn neu mewn bwlch, byddent i'w cael yn aml wrth y rhydau ar gyffiniau tiriogaeth. Roedd rhyd yn cynnig adwy i elyn ac roedd yn fan gwan ar y terfynau. Byddai rhodwydd yn amddiffyn y rhyd – a byddai gwyliwr neu wylwyr ar ben y rhodwydd yn cadw llygad rhag ymosodiad. O'r cyfeiriad at gorn Urien yn yr englynion ymddiddan rhwng Gwên a Llywarch, gellir dod i'r casgliad y byddai llu wrth gefn ar gael ar alwad y corn gan y gwyliwr ar y rhodwydd. Mae Gwalchmai, un o Feirdd y Tywysogion yn y ddeuddegfed ganrif, yn cyfeirio at nifer o frwydrau Owain Gwynedd yn ei awdl 'Gorhoffedd Gwalchmai' (tua 1157–60). Enwir nifer o leoedd ym Mhowys, y Deheubarth a hyd yn oed Gwent, a diddorol nodi mai rhydau a warchodir yn ardal 'Dygen Ureidin' yw un o'r mannau hynny:

> Gwyliais noson yn gwarchod ffin
> Byrlymog rydiau dyfroedd Dygen Freiddin.[10]

Mae afon o'r enw Dygen ger craig yn ymyl y Trallwng ym Mhowys ac mae'r cyfeiriad hwn yn dangos parhad i arwyddocâd y 'rhyd' mewn brwydrau dros diriogaeth ac, oherwydd hynny, mewn cerddi mawl.

Mae T. Gwynn Jones yn dyfalu golygfa ar rodwydd ger Rhyd Forlas yn ei gerdd 'Cynddilig', lle mae'n disgrifio'r mynach yn mynd i chwilio am Gwên yn yr amddiffynfa:

> Esgynnodd i ben yr hen gaer wrysgennog
> yn yr hafn rhag genau'r rhyd;
> yno, disyfyd y safodd …
> un dyn ar yr wylfa nid oedd.[11]

Llawn gwiail neu ganghennau yw ystyr 'gwrysgennog' yma gan awgrymu gwylfa gyda phalis o frigau plethedig ar ben y clawdd pridd. Mae dewis air T. Gwynn Jones yn 'Cynddilig', 'gwylfa', yn derbyn esboniad Ifor Williams mai 'twmpath crwn er mwyn gweld oddi ar ei gopa' yw 'rhod-wydd'.

Yn yr englynion, mae'r rhyd ar nant Morlas yn lle arwyddocaol. Dyma fan gwan ar ffin ddwyreiniol tiriogaeth Llywarch ar y pryd. Gellid disgwyl ymosodiad gan ryfelwyr Northumbria drwy'r rhyd honno. Wrth y rhyd mae clawdd o bridd amddiffynnol, clawdd a elwir hefyd yn 'rhodwydd' – tomen gron y gwyliwr wrth y rhyd. Ni cheir unrhyw gyfeiriad at Rodwydd Forlas na'r un rhodwydd arall yn archwiliadau hanesyddol ac archaeolegol Swydd Amwythig. Efallai fod gwaith yn disgwyl y rhaw a'r brwsh siafio ym mhlwyf Llanfarthin (St Martin's) o hyd.

Gwyliais noson yn gwarchod ffin

[10] J. E. Caerwyn Williams, Peredur I. Lynch (gol.), *Gwaith Meilyr Brydydd a'i Ddisgynyddion*, Gwasg Prifysgol Cymru, 1994, t. 203

[11] T. Gwynn Jones, 'Cynddilig', *Y Dwymyn*, Gwasg Aberystwyth, 1944, t. 19

Afonydd Llawen a Morlas

Enwir dwy afon wrth sôn am Gwên a'r frwydr – afonydd Llawen a Morlas. Mae'r ysgolheigion yn ansicr pa un yw'r gyntaf ond mae afon Morlas i'w gweld ar fap o hyd (Morlas Brook) yn tarddu ar lethrau uwch Craig-nant a Selatyn gan lifo i afon Ceiriog ger Pont y Blew y tu isaf i Lynmorlas.

Yn stori Gwên, gwelwn ei fod ar ei ben ei hun yn gwylio'r rhyd. Ni fyddai'n troi'i gefn ar elyn er mwyn rhedeg i rybuddio eraill. Byddai'n wynebu, ac yn ymladd yn erbyn yr ymosodiad, er bod y niferoedd yn golygu na fyddai ond un canlyniad i'r gwrthdaro.

Un benbleth arall sy'n codi wrth geisio lleoli'r englynion yw bod enwau dwy afon yn ymddangos fel pe baent yn gweu drwy'i gilydd wrth sôn am lecyn y brwydro ar yr afon. Mae Llywarch Hen yn mynnu, 'Fe gadwaf wyliadwraeth ar Rodwydd Forlas', a Gwên ei fab yn ei berswadio mai ei dro yntau bellach yw mynd yno i warchod y ffin. Drannoeth, mae'r tad yn canu englynion marwnad wedi colli'i fab olaf, gan ddweud mai oer yw adrodd yr hanes 'am Ryd Forlas'. Eto, llinell gyntaf tri

Selatyn
Clawdd Offa
ger tarddiad
Nant Morlas
i'r gorllewin o
Fryn Selatyn

o'r englynion yn y farwnad yw 'Gwên wrth Lawen a wyliodd neithiwr'. A ddryswyd rhwng dau enw afon yma neu a oedd dau enw ar yr un afon?

Mae Ifor Williams yn cynnig, gyda marc cwestiwn, mai Llawen oedd enw'r afon yr oedd Rhyd Forlas arni. Roedd wedi disgwyl canfod afon o'r enw hwnnw yn yr ardal ger y Waun, meddai, ond wedi methu – er bod nant o'r enw Morlas a phlasty o'r enw Prysg Gwên i'w gweld yno o hyd (Preesgweene ar fapiau heddiw). Mae'n esbonio bod 'Llawen' yn digwydd mewn enwau lleoedd drwy gofnodi bod Cwm Llawenog ym mlaenau Dyffryn Ceiriog a Phentre Llawen yn Ninmael.[12]

Wrth drafod yr enw Cae Bryn Llewenydd ar gyffiniau Caernarfon, mae Glenda Carr yn nodi bod *Geiriadur Prifysgol Cymru* yn egluro y gall 'llewenydd' fod yn amrywiad ar 'llawenydd' ond ei fod yn digwydd weithiau fel amrywiad ar 'fachlud haul' a 'gorllewin'.[13] Mi gofiwn fod nant Llawen Brycheiniog ar gyffiniau gorllewinol y ganolfan frenhinol yn Llan-gors. Mae fferm Llanllawen Fawr yn un o'r rhai mwyaf gorllewinol yn Uwchmynydd yn Llŷn. Mae Porth Llawenan ar ochr orllewinol Mynydd Penarfynydd ger y Rhiw, hefyd yn Llŷn, ac yn ôl arbenigwyr ar enwau lleoedd, 'Llawenan' oedd ffurf wreiddiol Llyn Llywenan ac afon Llywenan yng ngogledd-orllewin Môn.[14] Ym mhob un o'r enghreifftiau hyn, mae cysylltiad daearyddol amlwg rhwng 'Llawen' a 'gorllewin'.

[12] Ifor Williams, *Canu Llywarch Hen,* t. 250

[13] Glenda Carr, *Hen Enwau o Arfon, Llŷn ac Eifionydd,* Gwasg y Bwthyn, 2011, t. 82

[14] Gwilym T. Jones, Tomos Roberts, *Enwau Lleoedd Môn,* Cyngor Sir Ynys Môn / Canolfan Ymchwil Cymru, Prifysgol Bangor, 1996, t. 147

Drwy ei holrhain i'w tharddle, gellir dilyn Nant Morlas yn swydd Amwythig ochr yn ochr â chwrs ffordd y B4579 o Selatyn, gan groesi'r ffin rhwng Cymru a Lloegr i flaenau'r bryniau uwch Llechrydau, yn union i'r dwyrain o Lansanffraid Glyn Ceiriog. Lled milltir o fryniau sydd rhwng afonydd Ceiriog a Morlas wrth iddynt lifo'n weddol gyfochrog â'i gilydd tua'r dwyrain, cyn cydlifo ger Pont y Blew. Yn uwch i fyny Dyffryn

Capel Llywarch

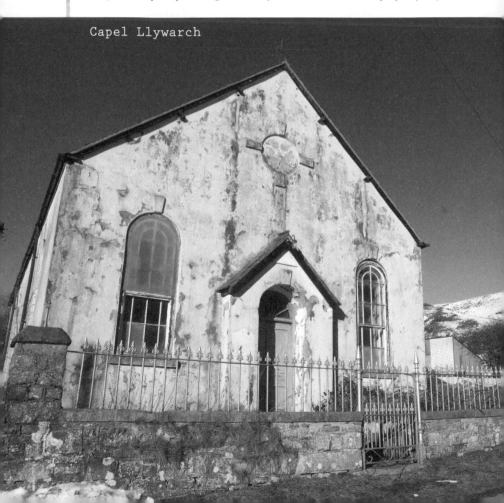

Ceiriog, tua'r gorllewin, mae plwyf Llanarmon Dyffryn Ceiriog. Dyma ddisgrifiad o'r lleoliad gan hen hanesydd lleol:

Nid yw Llanarmon ond parhad i'r gorllewin o Glynceiriog, dyffryn lled gul, ond prydferth iawn, yn ymwthio i geseiliau Berwyn. Mae Craig Ferwyn i'r gorllewin o honi, ac ymlecha Blaen Cwm Llawenog, ty uchaf yr ardal, yn ymyl ei droed, a phora eu defaid ar ei lechweddau. Mae Mynydd Tarw ar y chwith rhyngddi a'r Cymdu a Maen Gwynedd, a'r Bryn Du ar y dde rhyngddi a Nantyr.[15]

Enw un o'r tair trefgordd yn y plwyf hwnnw yw Llywarch – ac i'r gogledd-orllewin o Lanarmon, Cwm Llywarch yw enw'r rhan o'r dyffryn y mae afon Ceiriog yn llifo drwyddi. Yn ei ganol mae capel Methodist sy'n dwyn yr enw Capel Llywarch. Wrth y capel mae tŷ o'r enw 'Pentre' – Pen Tre Llywarch. Mae fforch yn yr afon ger y capel, ac i'r gogledd gellir olrhain cangen 'Ceiriog Ddu' tua'i llygad o dan Foel Fferna. Mae cangen arall, gyhyd â honno, yn disgyn ar hyd gwely mewn cwm eithaf union sy'n arwain i'r gorllewin hyd at Fwlch Maen Gwynedd. Cwm Llawenog yw enw'r cwm hwn ac enw'r afon yw Nant Cwm Llawenog.

[15] Richard Hammond, 'Llanarmon Dyffryn Ceiriog', *Cymru* LVIII, Ionawr 1920, t. 13

Nant Cwm Llawenog

Gall fod y tarddiad yn enw person, neu bod cysylltiadau â'r 'gorllewin' – rydym ar gyffiniau gorllewinol yr Hen Bowys yma ac mae llinell y cwm yn arwain yn union o'r dwyrain tua'r gorllewin.

Er nad oes sôn am y maen bellach, mae'r enw 'Maen Gwynedd' wedi'i gadw ar y bwlch, ar gwm i'r gorllewin ac ar fferm i'r de-orllewin o Gwm Llawenog. Ar un adeg, roedd y 'Maen' yn dynodi'r ffin rhwng taleithiau Gwynedd a Phowys ac felly'n fan cyfarfod pwysig ac yn farcnod arwyddocaol ar daith. Cyn hynny, mae'n bosib y buasai'n ffin rhwng tiriogaethau llwythau Brythonig y Cornofiaid a'r Ordoficiaid. Mae llwybr hynafol, Ffordd Gam Elen, yn troelli i fyny'r cwm ac yn gadael plwyf Llanarmon am Edeirnion ym Mwlch Maen Gwynedd.[16] Heb os, roedd y cwm hwn ar un o'r prif lwybrau rhwng Powys a Gwynedd yn yr hen ddyddiau a byddai gan enw'r cwm a'r nant sy'n rhedeg drwyddo ddylanwad ar enwau eraill yn yr ardal. Erbyn hyn, mae'n gwm hardd ond diarffordd yn rhedeg i *gul-de-sac* mynyddoedd y Berwyn. Mae'n anodd canfod ei enw ar ein map cyfoes ni,[17] ond rhaid edrych ar fapiau yng nghyd-destun gwahanol gyfnodau.

Y demtasiwn amlwg ydi cysylltu enw Llywarch Hen â
phob Cae Llywarch a Thyddyn Llywarch ledled Cymru. Eto,
mae mwy na dim ond enw un lle yn ei gwneud hi'n werth
craffu'n fanylach ar Dre Llywarch ym mhlwyf Llanarmon
Dyffryn Ceiriog. Daeth y Llywarch hanesyddol, fe gredir, o'r
Hen Ogledd i'r Hen Bowys. Wedi cyrraedd Caer, byddai'n dilyn
llwybr y byddai nifer o fyddinoedd Seisnig a Normanaidd yn
ei ddilyn dros y canrifoedd wrth geisio cael troedle yr ochr
hon i Glawdd Offa – dilyn glan ddwyreiniol afon Dyfrdwy
heibio Bangor Is-coed, yna dilyn glan afon Ceiriog, yr ochr
draw i'r Waun a thrwy Grogen, cyn ei chroesi ac anelu am
fynyddoedd y Berwyn. Byddai Tre Llywarch o fewn cyrraedd
taith o'r fath.

Mae tystiolaeth yng Nghanu Llywarch Hen o newid enwau
afonydd o fewn tiriogaeth y Gymraeg dros y canrifoedd – ni
cheir afon Cuog yn Abercuog bellach; afon Dulas yw ei henw.
Oherwydd pwysigrwydd Cwm Llawenog, nid yw'n amhosib
bod y gangen honno o flaenau'r dyfroedd wedi dylanwadu ar
enw'r afon yn is i lawr y dyffryn. Mae gan fynyddoedd enwau
gwahanol mewn ardaloedd gwahanol – mae gan ddau gopa
gorllewinol yr Eifl enwau gwahanol yn Llithfaen i'r hyn sydd
ganddynt yn Nhrefor, er enghraifft, ac felly hefyd y Mynydd

[16] *An Inventory of the Ancient Monuments in Wales and
Monmouthshire, IV County of Denbigh*, H.M.S.O., 1914, t. 81

[17] Bûm yn ddigon ffodus i gael gwybodaeth leol werthfawr
gan Arfon Hughes a fagwyd ar fferm Tu-hwnt-i'r-afon ger
cymer Nant Cwm Llawenog a Cheiriog Ddu. 'Llawenog' oedd
enw barddol ei dad, Henry Thomas Hughes – gweler *Cerddi
Henry Hughes*, cyhoeddwyd gan y teulu, 2011

Grug yn Arfon. Nid yw'n amhosib bod yr afon yn cael ei galw'n 'Llawen' gan drigolion Tre Llywarch ac yn 'Ceiriog' gan bobl Tregeiriog. Neu efallai mai defnydd barddonol o'r enw sydd yma – oherwydd cysylltiad rhwng Llywarch (ac felly Gwên yn ogystal) a Chwm Llawenog – a bod hunaniaeth yr ardal yn cael ei phwysleisio yng ngwarchodaeth Gwên ar ryd afon Morlas. Efallai fod llinell gyntaf y tri englyn yn tanlinellu bod dŵr Cwm Llawenog yn yr afon wrth y fan lle lladdwyd Gwên – bod Gwên felly nid yn unig yn amddiffyn y rhyd, ond yn amddiffyn yr holl ddyffryn. Damcaniaeth ydi hi, ond gallwn ddyfalu ar y seiliau hyn bod yr enw 'Llawen' yn cyfeirio at afon Ceiriog ger Rhyd Forlas. Drwy wneud hynny, mae'r sôn yn yr englynion bod Gwên wedi'i ladd AR Forlas a'i fod yr un pryd WRTH Lawen yn ddaearyddol bosib, gan mai rhyw ugain llath sydd rhwng Rhyd Forlas a'r afon a elwir yn Ceiriog heddiw.

Mae'r cysylltiad rhwng 'Llawen' a 'gorllewin' yn magu arwyddocâd pellach o gofio mai cyfnod paratoi at uno Gwynedd a Phowys dan Rodri Mawr, mae'n debyg, oedd cyfnod cyfansoddi englynion Llywarch. Gallasai'r englynion, wrth baratoi'r ffordd ar gyfer yr undod, neu wrth ddathlu'r undod, fod yn cysylltu llwybr y gorllewin – Bwlch Maen Gwynedd, Ffordd Gam Elen a Chwm Llawenog – â Rhodri Mawr, a thrwy enw'r afon, greu cysylltiad pellach rhwng Rhodri a Llywarch Hen. Llywarch a Gwên oedd amddiffynwyr Rhyd Forlas yn 616, tua chyfnod Brwydr Caer; Rhodri Mawr oedd yn gwneud hynny yn 855.

Ffordd Gam Elen

Canu arwrol yn englynion Llywarch Hen

Mae elfennau amlwg o'r canu arwrol hwn yn yr ymddiddan rhwng Gwên a'i dad. Gan mai dechrau'r seithfed ganrif yw cyfnod hanesyddol y cymeriadau ac mai cyffiniau'r Hen Bowys yw'r lleoliad daearyddol, gwyddom mai dyma'r cyfnod pan oedd rhyfelwyr teyrnas Northumbria yn gwasgu ar ffin ogledd-ddwyreiniol Gwynedd a Phowys, yn nyffrynnoedd isaf afonydd Dyfrdwy a Cheiriog. Mae'n ddigon tebyg y byddai cyrchoedd sydyn – liw nos, o bosib – gan fyddinoedd o Northumbria yn yr ardal hon cyn brwydr fawr Caer tua 616. Dyna gefndir, a chyfnod, tebygol stori Gwên ar y rhyd ar afon Morlas.

Ceir arlliw o'r canu arwrol yn yr ymddiddan rhwng Llywarch Hen a'i fab.[18] Mae'r hen ŵr yn mynnu y gall sefyll ar y rhyd i wylio rhag y gelyn o hyd, er mor denau yw ei darian bellach wedi'r hir draul arni mewn brwydrau ar hyd ei fywyd. Pan ddywed Gwên ei fod am ymarfogi a mynd am y ffin, siars ei dad yw 'Na ddwg warth mewn brwydyr arnaf'. Nid 'Cymer bwyll, tyrd adre'n ddiogel, 'ngwas i', ond 'cadw dy anrhydedd, cofia am enw da dy deulu fel ymladdwyr dewr'. Mae Gwên yn ei sicrhau ei fod yntau yn haeddu'r fraint o fod yn rhan o'r llinach ac yn addo y byddai'n derbyn ergyd a phoen yn hytrach nag ildio. Bydd ei darian yn rhacs, meddai, cyn y byddai'n cilio. Yna canfyddwn nodyn o ofid yn llais Llywarch – 'Cana'r corn rhyfel yna gefaist ti gan Urien os eith hi'n wasgfa arnat ti'. Ond mae Gwên ar gefn ei geffyl bellach ac yn wfftio at y fath awgrym wadin – fyddai o ddim yn llygru'i enw da, nac yn rhoi bloedd ar y corn gan ddeffro merched y llys. 'Un felly oeddwn innau'n ifanc,' ydi cyffes Llywarch –

rhuthro ar gleddyfau oedd ei bethau o. 'Dyna dy hen diwn gron di,' ydi ateb Gwên wysg ei din, gan ei atgoffa ei fod yn dal yn fyw ond bod pob tyst a welodd hynny wedi hen farw. Erbyn adeg cyfansoddi'r englynion (tua 850), roedd y Cymry wedi colli'r dydd yn y rhan fwyaf o'r Hen Ogledd ac roedd y Saeson wedi treiddio ymhell o'r arfordir dwyreiniol. Mae'r gwrthdaro bellach yn digwydd bron ar ororau'r Gymru fodern. Yn wahanol i'r cerddi darogan, oedd yn proffwydo buddugoliaethau i'r Cymry, nid oes dim propaganda yn y cylchoedd o englynion. Cnoi cil uwchben colledion sydd ynddynt.

Nid oedd pob ysgolhaig yn ymateb yn gadarnhaol i'r elfen storïol a'r teimladau cryfion sy'n cael eu mynegi yn yr englynion. Credai Saunders Lewis mai ymarferion prentisiaid oeddent. Ffrwyth tasgau mecanyddol ar batrymau penodol ydynt, meddai – a dyna sydd i gyfri am yr ailadrodd: 'Y peth pwysig oedd dysgu'r fformiwla.'[19]

Mae Gwyn Thomas yn esbonio'n gadarn nad yw'r farn hon yn un gyffredin ymysg ysgolheigion: 'Ni dderbynnir hyn o gwbl gan ysgolheigion Celtaidd. Yn un peth y mae ailadrodd cynyddol ei rym, fel ag a geir yn "Stafell Gynddylan", yn nodwedd amlwg o hen ganu. Cynyddu teimlad a'i ddwysáu a wna'r ailadrodd hwn.'[20] Ond mae'n derbyn hefyd ei bod hi'n bosib fod englynion wedi eu hychwanegu at y cyfresi gwreiddiol a bod 'y patrwm ailadrodd cynyddol wedi bod

[18] Gweler t. 179 o'r gyfrol hon

[19] Saunders Lewis, *Braslun o Hanes Llenyddiaeth Gymraeg*, Gwasg Prifysgol Cymru, 1932, t. 7

[20] Gwyn Thomas, *Y Traddodiad Barddol*, Gwasg Prifysgol Cymru, 1976, t. 91

yn help i hynny ddigwydd', gan fynd ati i restru enghreifftiau tebygol.[21] Mae'n arferol o hyd mewn dosbarthiadau cerdd dafod i'r aelodau gyfarwyddo â chynganeddu a mydryddu drwy ddewis cerdd sy'n cynnwys elfen o ailadrodd neu restr hir a gofyn i'r disgyblion ychwanegu at y rhestr.

O fewn yr ymddiddan hwn am ofynion brwydro a dyletswydd milwr mae nifer o gyfeiriadau at elfennau o fyd natur, y tywydd a'r tymhorau. Mae Ifor Williams yn cyfeirio atynt fel geiriau a llinellau 'llanw' – dim ond stwffin wedi'i hel i lenwi bylchau yn y fydryddiaeth. Mae'n awgrymu mai ffrwyth diffyg y bardd wrth gwblhau gofynion ei grefft ydi'r darnau hyn.

Ond mae Gwyn Thomas yn gweld gwerth llenyddol ynddynt gan ddangos bod y cymeriadau'n sôn yn wirebol am fyd natur cyn taflu'i bwt i mewn i'r drafodaeth.[22] Hynny yw, maen nhw'n 'siarad mewn damhegion' fel y byddwn ni'n ei ddweud heddiw. Mae hyn yn cyd-fynd â disgrifiadau o'r Brythoniaid gan gofnodwyr Lladinaidd, sef eu bod yn gynnil gyda geiriau, yn siarad drwy ddiarhebion a lluniau cyfochrog yn aml.[23] Wrth drafod yr angen am wylio'r rhyd a brwydro, ceir y llinell 'Llym yw'r awel; chwerw gwenwyn'[24] gan Gwên. Darlun o aeaf a gwasgfa gorfforol yw'r 'geiriau llanw' hyn, ond maent yn ddarluniau y tu ôl i gefn llaw am ddwyreinwynt yn taro ein tiriogaeth (darlun eithriadol o fyw o hyd mewn barddoniaeth gaeth gyfoes yng Nghymru) ac o'r gwenwyn sy'n peryglu'r genedl oherwydd ymosodiadau'r estroniaid arni. Fel y mae Ifor Williams yn ei esbonio wrth drafod testun arall, mae 'gwenwyn' yn golygu chwerwedd a chreulondeb yn ogystal â *poison*.[25]

'Llym awel; chwerw gwenwyn'

Darn hawdd o'r arfordir, meddai, yw bae tywodlyd. Bydd tonnau'n rhedeg ymhell ar draeth felly. Ond yn erbyn clogwyn neu garreg, bydd tonnau'n chwalu. Hawdd iawn bod yn fyrlymus a thafod-rydd wrth siarad am fod yn ddewr mewn brwydr, medd Llywarch, ond pan ddaw hi'n galed arno, y ffraeth ei dafod yw'r cyntaf i ffoi.

Mewn englyn arall, ceir y llinell 'Mae corsydd yn feddal, gallt yn galed' ac yna linell am garnau caled ceffyl yn torri torlan feddal. Awgrymu y mae Llywarch eto bod rhai pethau'n galed (sef hen filwyr fel ef a'r brwydrau y mae wedi dod drwyddynt) a phethau eraill yn feddal (sef Gwên a'r math o fywyd y mae wedi'i gael hyd yn hyn). Defnyddia Gwên yr un math o ddiarhebu i roi nerth i'w ddadl wrth ateb: 'Gwasgara ffrwd am glawdd caer'[26] (sef bydd nant – y gelyn – yn chwalu wrth ddod wyneb yn wyneb ag amddiffynfa gadarn – Gwên). Mae'r darlun yn y wireb gymaint â hynny'n gryfach wrth gofio am y cloddiau pridd oedd gan y Brythoniaid i warchod y rhyd. Yno y byddai Gwên yn sefyll a thrwy'r nant y byddai'r gelyn yn dod i'w wynebu. Mae'r cyfosod darluniau yn troi'n ddelwedd lenyddol yn y llinell hon. Dyma farddoniaeth gynnil, gyrhaeddgar.

[21] Gwyn Thomas, *Y Traddodiad Barddol*, t. 92

[22] Gwyn Thomas, *Y Traddodiad Barddol*, tt. 93–4

[23] Mae Gwyn Thomas yn dyfynnu Diodorus Siculus, ysgrifennwr Clasurol, *Y Traddodiad Barddol*, t. 94

[24] Gwyn Thomas (gol.), *Yr Aelwyd Hon*, Llyfrau'r Dryw, 1970, t. 77

[25] Ifor Williams, *Canu Aneirin*, Gwasg Prifysgol Cymru, 1938, t. 89

[26] Gwyn Thomas, *Y Traddodiad Barddol*, tt. 93–4

Y galar o golli Gwên

Drannoeth gwyliadwriaeth Gwên wrth y rhyd, mae cymeriad Llywarch yn canu englynion 'Marwnad Gwên'. Yn y traddodiad arwrol, pwysleisir rhinweddau milwrol yr un a laddwyd. Mae Llywarch erbyn y bore yn mynegi safbwynt cwbl groes i'r hyn oedd ganddo wrth ddadlau â Gwên y noson cynt. Nid oes gwawd nac amheuaeth yn araith yr hen ddyn bellach – roedd Gwên yn barod am y gelyn, meddai; nid oedd ffoi yn perthyn iddo; roedd yn fab triw i'w dad. Ond eto mae'r berthynas tad a mab yn barhad o'r ymddiddan hefyd, ac yn raddol mae Llywarch yn dangos ei galon inni. Nid oes gorfoledd am ddewrder y mab – yn wir, mi fyddai'n well gan yr hen ŵr pe bai'r milwr wedi llwyddo i oroesi. Nid yw delfryd yr arwr yn drech na galar tad. Defnyddiwyd darlun o don i gyfleu amheuaeth a gwendid yn yr ymddiddan. Yn y farwnad, mae'n defnyddio darlun o don eto ond y tro hwn mae ton y frwydr, meddai, yn llwyr orchuddio'r tywod. Nid oes dianc i'r rhyfelwyr. Yn y diwedd, tad yn gyntaf yw Llywarch ac mae balchder hen filwr yn eilbeth i hynny. Nid yw tinc y canu arwrol gynt i'w glywed mor amlwg bellach, er bod peth balchder yn newrder Gwên yno o hyd ('Gan ei fod yn fab i mi, ni chiliodd' // '[Un o] ruthr eryr mewn aberoedd oeddet ti'). Ond does dim gorfoledd bellach oherwydd bod Gwên wedi cyflawni ei ddyletswydd a rhoi ei fywyd i amddiffyn y ffin – 'oer adrodd' yw'r ddyletswydd o orfod dweud yr hanes yn yr englynion hyn.

[27] Gwyn Thomas, *Hen Englynion*, Cyhoeddiadau Barddas, 2015, tt. 115–117

[28] A. O. H. Jarman, 'Y Delfryd Arwrol yn yr Hen Ganu', *Llên Cymru*, 8 (1965), tt. 125–49

Rhoddwyd gofid a galar yn faich ar yr hen ŵr ac awgrymir yn gryf fod yr hiraeth ar ei ôl yn drech na'r cof arwrol amdano'n dilyn ei dri brawd ar hugain. Mae nodyn tadol, teuluol yn y canu. Gwên, mae Llywarch yn cyfaddef, oedd ei ffefryn ('Gwên oedd y mab gorau un i'w dad').

Yn ei alar, mae Llywarch yn bwrw amheuaeth ar werth y traddodiad arwrol bellach. 'Oherwydd fy nhafod y cawsant eu lladd' yw cyffes yr hen ŵr. 'Twyll ydyw dyfod gormod o glod,'[27] meddai. Y canu mawl – cerddi'n dathlu arwriaeth y milwyr ffyddlon hyd farw – a olygir wrth 'clod'. Y clod mewn awdlau yw eu tâl am dywallt gwaed, ac mae englynion Llywarch Hen yn codi cwestiwn ynglŷn â gwerth y traddodiad hwnnw.[28]

Efallai y gallwn glywed yma wreiddiau dadl y rhai sy'n gwrthwynebu'r elfen o glodfori a normaleiddio militariaeth a derbyn bod rhyfela yn rhan anorfod o fywyd yn ein dyddiau ni. Mae tanio gynnau yn seremonïau Sul y Cofio yn ffordd o ddweud bod rhyfela yn gyfiawn ac mai aberthu'u hunain dros achos teilwng a wnaeth y milwyr a laddwyd, medd y gwrthwynebwyr. Recriwtio ieuenctid yw'r hyn a wneir drwy orymdeithio milwyr mewn lifrai seremonïol ar Ddiwrnod y Lluoedd Arfog, gan dargedu ardaloedd tlawd eu heconomi lle mae dyfodol llawer o'r bobl ifanc yn ansicr a diobaith, a 'mynd i'r armi' yn cynnig rhyw fath o waredigaeth. Creu'r argraff mai gêm dderbyniol yw saethu ffrwydron a lladd, meddir, a wneir wrth wahodd plant i ddringo ar ben tanciau a mynd i mewn i'w crombil rhyfeddol mewn sioe amaethyddol a pharc. Mae hyn i gyd yn chwyddo apêl militariaeth, yn canolbwyntio ar agweddau 'clod' y proffesiwn, gan osgoi'r cwestiynau anodd ynglŷn â chyfiawnder, lladd y diniwed, effaith rhyfela ar yr unigolyn, diffyg gofal am gyn-filwyr, niferoedd y cyn-filwyr yn ein carchardai a'n wardiau seiciatryddol ac ati. Mae defnyddio geiriau fel 'coffáu'r dewr', 'anrhydedd y milwr' ac 'aberth' yn anfon bechgyn eraill i farw ar faes y gad. Mae moli militariaeth yn parhau'r awch am ryfel ac mae canlyniadau hynny yr un fath ag y bu erioed – anaf, angau, colled, loes a hiraeth. Ceir tinc o'r amheuaeth am werth hyn oll yng nghwestiynau Llywarch Hen.

Eto, mae Jenny Rowland yn dangos nad oes croes-ddweud rhwng y syniad o ffawd yng Nghanu Llywarch Hen a'r awgrym a geir mai'r geiriau a ynganodd Llywarch wrth ei feibion a achosodd eu hangau. Nid moesoldeb o 'ddialedd' oherwydd y balchder a'r brolio a'r coegni sy'n cael ei fynegi yma, meddai, ond bod yr amheuaeth a ddangosodd Llywarch o ddewrder ei feibion wedi'u gyrru i weithredu'n rhyfygus a'u rhoi eu hunain mewn sefyllfa i dderbyn eu ffawd wael. Deallwn fod Gwên (a Chynddylan yn ddiweddarach) wedi ceisio amddiffyn eu tir ar eu pennau eu hunain, gan wrthod cilio na galw am gymorth. Yr un gofynion arwrol sydd ar y rhyfelwyr hyn ag oedd ar farchogion y Gododdin. Mae'r ddelfryd arwrol yn bresennol yn yr englynion hwythau, dim ond bod galar personol ac effeithiau cyflafan yn cael eu cynnwys yn ogystal.

Hen, hen ŵr

Mae'r gyfres o englynion 'Cân yr Henwr' yng Nghanu Llywarch Hen yn cyflwyno darlun truenus o ddiwedd oes faith a chythryblus y prif gymeriad. Mae'n cynnwys llinellau sydd wedi'u hadleisio drwy'r oesoedd mewn barddoniaeth Gymraeg: 'Yr wyf yn hen, yr wyf yn unig, yr wyf yn oer ryfeddaf'.[28] Dydi'r hen bobl ddim yn weladwy mewn cymdeithas; maent yn cilio (neu'n cael eu gwthio) i'r ymylon. Mae Llywarch yn grwm ei gefn ac yn pwyso ar fagl bren a phoenau diwedd oes yn pentyrru arno, y cyfan wedi cyrraedd gyda'i gilydd – 'Pas a henaint, haint a hiraeth'. Mae wedi colli'i harddwch a'i nerth; ni all farchogaeth na theithio'r wlad; mae oerfel wedi cydio yn ei gymalau ac yn ei galon ac mae wedi colli'i deulu – 'Y sawl a'm carodd i, ni'm câr.' // 'Ni châr gwragedd fi, ni ddaw neb i fy ngweld;' / 'Ni allaf i symud o gwmpas:'

Gallwn ninnau heddiw gydymdeimlo â'r darlun hwn o henoed. Does dim ond rhaid ymweld ag un o'r llu o gartrefi preswyl a chartrefi gofal yr henoed ar hyd a lled y wlad i weld mor wir yw'r disgrifiadau hyn o hyd. Mor anodd yw clywed anwyliaid yn eu hen ddyddiau, yn fusgrell ac unig, yn ymwybodol eu bod yn colli'r gallu i fyw'n annibynnol ar gymorth ymarferol, yn dweud dan ochneidio, 'O, dwi wedi cael digon ar hyn; dwi'n barod i farw rŵan.' Dyna union linell y cymeriad Llywarch Hen yn yr englynion hyn, 'A! O angau, ni ddaw [hwnnw] ataf!'.[29]

Mae'r gerdd yn cloi gyda Llywarch yn derbyn mai dyma ei 'dynged'. Nid derbyn mai dyma ddiwedd arferol, anorfod bywyd yw hyn – roedd yr ymwybyddiaeth o dynged yn llawer cryfach yng nghyfnod cyfansoddi'r englynion. Fel y dangosodd Gwyn Thomas, credid bod rhai'n cael eu bendithio â 'lwc dda' o ddydd eu geni ac eraill yn gorfod ymgodymu â 'thynged wael'

---

[29] Gweler t. 189 o'r gyfrol hon

Eglwys Llanfor, ger y Bala
Mae nifer o draddodiadau yn cysylltu enw Llywarch
Hen a'i feibion ag ochr Penllyn i fynyddoedd y
Berwyn, gan gynnwys un traddodiad mai ym
mynwent Llanfor y cafodd ei gladdu

ar hyd eu hoes. Un a faged dan anlwc oedd Llywarch yn ei
olwg ei hun. Pe bai'n byw yn oes y sêr-ddewiniaid a'u colofnau
mewn cylchgronau ac ar y we, fyddai ganddo ddim diddordeb
yn eu rhagolygon – credai mai dim ond drwg ac anlwc oedd
yn ei wynebu. Roedd wedi'i farcio am oes â ffawd wael.

Gallwn ganfod yn yr englynion hyn nodweddion canu
diweddarach i gyflwr henaint: gwrthgyferbynnu musgrellni
henoed a sioncrwydd ieuenctid a hefyd siarad ag ef ei hun, neu
siarad â gwrthrych y mae'n cymryd arno ei fod yn gydymaith

neu gyfaill (yn achos Llywarch, ei ffon, y fagl bren y mae'n pwyso arni yw ei unig gydymaith).

Tynnu sylw'r ffon fagl at dymhorau'r flwyddyn y mae Llywarch yn gyntaf. Adeg cynhaeaf, adeg rhedyn coch a gwellt melyn ydi hi. Yna mae'n aeaf. Yna mae'r gog yn canu i nodi ei bod hi'n wanwyn ac mae rhychau coch yn y cae aredig yn datgan dyfodiad yr haf. Ond yr un yw natur Llywarch drwy hyn i gyd – mae'n fwyfwy caeth i'w wely, mae merched ifanc yn troi oddi wrtho wrth ei weld, mae ei fyd i gyd yn drist. Ni ddaw'r tymhorau â gweithgareddau a chyffro newydd i'w canlyn iddo mwyach. Yn niffyg cydymaith agosach, mae'n apelio ar ei ffon fagl i'w gynnal. Mae henaint yn ei droi'n gyff gwawd; mae'n colli'i wallt a'i ddannedd, a'r awch a'r gallu i garu. Aeth pob symudiad yn anodd ac araf iddo.

Yn yr un modd ag y gwelir mewn cyfresi o englynion eraill, mae 'damhegion' natur yn cael eu cyfosod i ddarlunio cyflwr yr hen ŵr: 'Bywiog ydyw'r gwynt, gwyn yw lliw godre / Y coed; hy ydyw'r hydd; [a] chaled y bryn.' Cawn un englyn arbennig sy'n ddelwedd gyflawn o henaint – englyn sy'n canu clychau diddiwedd drwy'n holl lenyddiaeth, gan mor gyfoethog a chynnil ei ddarlun:

> Y ddeilen hon, neus cynired gwynt,
>> Gwae hi o'i thynged:
>> Hi hen, eleni y'i ganed.

('Y ddeilen hon, y mae'r gwynt yn ei chwyrlïo, / Gwae hi oherwydd ei thynged! / Mae hi'n hen – eleni y'i ganed.')[30]

---

[30] Gweler t. 189 o'r gyfrol hon

6 Cân Heledd

Heledd yw un o'r merched cyntaf i'w phortreadu mewn llenyddiaeth Gymraeg – yn sicr, ei chymeriad hi yw'r un mwyaf crwn a chyflawn yn nyddiau cynnar ein llên. Yn ôl yr englynion roedd yn chwaer i Gynddylan, arglwydd Pengwern, ac yn hanu o linach frenhinol Powys gyda Chyndrwyn yn un o'i hynafiaid ac felly'n perthyn i hanner cyntaf y seithfed ganrif. Mae'r ysgolheigion yn olrhain y canu amdani i ganol y nawfed ganrif – cymeriad chwedlonol yn seiliedig ar y ferch hanesyddol yw'r un sy'n siarad yn y cyfresi hynny o englynion.

Drama'r ferch

Yn ôl Marged Haycock, rydym yn ddyledus i Ifor Williams am ganfod nodweddion dramatig a seicolegol y llais benywaidd a geir yng nghymeriad Heledd.[1] Mae'n tybio bod y radd yn y Roeg a gafodd Ifor Williams yn cyfrannu at ei ddehongliad gan ei fod yn gyfarwydd â thrasiedïau mawr y diwylliant hwnnw fel *Antigone, Electra, Oedipus Tyrannus* a *Medea* ac â'r cymeriadau benywaidd trasig ynddynt. Dylanwadodd y gweithiau clasurol ar ddramâu Gwyddelig fel *Deirdre of the Sorrows*, J. M. Synge, drama oedd yn cynnig cyfle arbennig i actores greu perfformiad iasol fyddai'n llenwi'r llwyfan a dal dychymyg y gynulleidfa. Ifor Williams oedd y cyntaf i weld bod deunydd y fath ddrama yng nghymeriad Heledd yn ogystal.

Yn y cyfresi o englynion sy'n portreadu Heledd, mae hi – oedd yn dywysoges gynt – yn gwisgo côt o groen geifr ac yn bugeilio gwartheg ar y bryniau sy'n amgylchynu gwastadeddau swydd Amwythig. Ar y tir uchel hwn yr oedd y bryngaerau Brythonig. Mae'n crwydro'r hen lwybrau ac yn cofio am feddau rhai o arwyr chwedlonol ei hynafiaid mewn englynion. Drwy ganu amdanynt, mae'n ceisio canfod llwybr i'w bywyd ei hun. Wrth edrych i lawr ar y gwastadeddau, mae'n gweld nifer o afonydd ac mae enwau nifer ohonynt yn frith drwy'i chân. Uwch ei phen, mae'n clywed cri eryrod. Mae'n eu henwi yn ôl eu cynefinoedd – Eryr Pengwern ac Eryr Eli. Galw am ragor o waed y maen nhw, meddai – mae'r adar ysglyfaethus wedi cael blas ar gnawd y rhai a garai, ac eisiau rhagor i wledda arno.

O'r tir uchel, mae'n cyfeirio ein sylw at wir sail ei thrueni – nid ei thlodi, nid ei bywyd isel gyda'r gwartheg, nid ei gwisgoedd carpiog, ond galar. Mae'n debyg bod Cynddylan wedi cynghreirio gyda Penda, brenin Mersia, i amddiffyn ei deyrnas rhag gwŷr Northumbria. Gyda'i gilydd, llwyddasant i drechu a lladd Oswald, brenin Northumbria, ym mrwydr Maes Cogwy yn 642. Ond yna daeth cyrch dirybudd ar Lys Pengwern tua'r un

Llinos Davies
Prif gymeriad y ddrama gerdd 'Heledd' a berfformiwyd yng Ngŵyl y Werin, Felin-fach ar 12 Ebrill 1975

[1] Marged Haycock, 'Hanes Heledd hyd yma', *Gweledigaethau*, Cyfrol Deyrnged yr Athro Gwyn Thomas, gol. Jason Walford Davies, Cyhoeddiadau Barddas, 2007, t. 35

adeg a lladdwyd Cynddylan a'r rhan fwyaf o'i deulu. Difethwyd y Dref Wen a'r llan lle'r oedd mynwent y teulu yn ogystal. O'i chrwydriadau, mae Heledd fel pe bai'n dangos y mwg a'r trawstiau duon ar y gwastadeddau inni, olygfa wrth olygfa. Dyma weddillion teyrnas ei Phowys hi a'i theulu – 'Powys, paradwys Cymru' fel y cyfeiria Llywarch Hen ati.

Mae galar bron â mynd yn drech na hi. Caiff ei galw'n 'Heledd hwyedig', meddai – 'Heledd, *ar gerdded* y'm gelwir', Heledd yr un heb gartref a heb amcan i'w bywyd. O hen amddiffynfeydd Dinlleu Gwrygon, mae'n gweld afon Trenn (Tern heddiw) yn llifo i afon Trydonwy (Roden y Saeson) ac mae'n gweld afon Trydonwy yn llifo i afon Trenn. Does dim sicrwydd yn ei bywyd ac mae gorffwylltra yn agos. 'A! angau, pam mae o'n fy ngadael?' yw ei chri.

Mae'n ei beio'i hun am yr holl golledion. Fel y bydd plant sy'n ffoaduriaid rhag rhyfel cartref erchyll yn dweud mewn cyfweliadau teledu y dyddiau hyn eu bod yn gweld bai arnynt eu hunain am adael eu rhieni, mae Heledd hithau yn teimlo cyfrifoldeb am yr anrhaith. Ganwyd hi i fod yn un drallodus, meddai ('Fy anffawd a'i hachosodd'), a gan mai tynged wael oedd ei rhan hi, cyflwynodd ei lwc wael i'w brodyr a'i theulu i gyd. Mae'n meddwl yn ôl dros yr hyn a ddywedodd wrth ei brodyr. A wnaeth eu hannog i fynd i ymladd yn rhyfygus? Wnaeth hi eu herio i gyrch amhosib? Mae'n amlwg ei bod yn gweld bai arni'i hun: 'Trwy anffawd fy nhafod y'u lladdwyd,' meddai, ac mewn cyfres arall: 'Fy nhafod a barodd hyn'.[2]

Mae ei chwaer Ffreuer yn wan ac yn llwyd ac ar fin marw ei hunan. Ond nid yw gofidio am golli ei chwaer yn ei phoeni. Gwêl angau fel rhyddhad iddi o'i chyflwr: byw yw ei phoen

– byw i wylo o lwydni'r diwetydd hyd haul canol dydd; deffro bob bore i ddagrau. Mae ei gruddiau'n felyn gan alar a'i llygaid yn gochion, a gwaeth yw clafychu fel hyn na derbyn y diwedd a thynnu'r anadl olaf.

Mae'r englynion i'r eryrod yn iasol. Rydym yn gyfarwydd â brain a chigfrain rhyfel yn gyson yn yr Hengerdd – 'bwyd brain' yw cyrff wedi brwydr a does dim ymgais i goluro'r erchylltra hwnnw. Nid yn y bagiau duon modern y daw'r cyrff adref. Wynebir y caswir bod cyrff anwyliaid ac arwyr yn cael eu malu yn y brwydro a bod cigfrain yn gwledda ar eu cnawd.

Mae cân Heledd yn mynd gam ymhellach na hynny. Eryrod sydd yma, brenhinoedd yr adar ysglyfaethus, nid cigfrain arferol. Mae'n rhoi enwau iddynt. Maent yn gymeriadau pwysig yn y ddrama. Ac maent yn llefaru. Nid 'ecstras' sy'n nodio pennau mewn tafarn mewn opera sebon mo'r rhain, heb deilyngu'r ffi i ynganu gair ynddi. Na, mae ganddynt ran glywadwy yn yr hunllef. Maen nhw'n galw am ragor o'r cig a oedd cyn hynny yn gnawd i frodyr Heledd.

Colli treftadaeth

Afon ar y gwastadedd ydi Trenn, ond mae enw'r afon yn cael ei gydio wrth dir helaethach. Trenn yw'r dreftadaeth, y gwastadeddau a'r bryniau cyfagos – Bro Trenn i Heledd yw'r tir sy'n cael ei adnabod fel gogledd swydd Amwythig heddiw. Mae afon Trenn yn llifo'n fras o'r gogledd-ddwyrain i'r de-

2 Daw'r diweddariadau o waith Gwyn Thomas, *Hen Englynion*, Cyhoeddiadau Barddas, 2015, tt. 151, 144, 148, 146

ddwyrain gan greu ffin ddwyreiniol rhwng afonydd Dyfrdwy a Hafren i'r Hen Bowys.

Yn y gyfres o englynion a elwir 'Cynddylan' (tt. 190–3), mae darluniau arwrol o'r tywysog ochr yn ochr â diymadferthedd ei gorff bellach. Un cip arno a gwelir mai arweinydd ydyw. Mae'n gwisgo cadwynau, sef math o fedalau'r oes o'r blaen am wrhydri ar faes y gad ('cadwynog'); mae'n gwisgo porffor, fel y gweddai i lywodraethwr sydd â'i hawliau'n deillio'n ôl i ddyddiau rheolaeth Rhufain yn yr ardal; mae'n ddoeth; mae'n farfog – arwydd o ddyn profiadol. Mae ei ymddygiad mewn brwydr yn arwrol hefyd – mae ar flaen y cyrch, yn ymladd â'i holl galon ('galon milgi / hebog / boda / baedd gwyllt', mae'n 'llew' a 'blaidd'; 'Mor llawen / Ganddo – fel ei gwrw – y gad'). Mae ôl traul, ôl ymladd ar ei arfau – mae ei darian yn 'dyllog', wedi bod yn y mannau garwaf eu hergydion yn y frwydr.

Sonnir am 'wyn gnawd / Cynddylan' – ond gwyddom hefyd mai 'cig' i eryr Pengwern yw hwnnw bellach. Mae'r galon fu'n curo mor ddewr fel 'galon iâ y gaeaf' erbyn hyn, neu fel gweddillion duon coed eithin wedi'u tanio ar y mynydd yn y gwanwyn. Yn y canu arwrol cynnar, mae colli bywydau'r rhyfelwyr yn cael ei gyfiawnhau yng nghanu'r bardd drwy nodi eu bod wedi cadw at eu cytundeb gyda'u harglwydd – 'gwerth ei fedd a dalai', 'Cynt ei waed i'r llawr / Nag ef i neithiawr'; 'tâl gwin o gwpan' oedd corff y milwr.[3] Gwahanol iawn i hynny yw'r llinell 'Yn ddrud y telaist ti am gwrw Trenn'.[4] Drwy'r canrifoedd, mae canmol mawr ar gwrw swydd Amwythig – mae'r gwastadeddau yno'n caniatáu i haidd o'r radd flaenaf gael ei gynaeafu ac mae hwnnw, wrth gwrs, yn cael ei fragu'n gwrw arbennig o dda. Ond mae Heledd yn nodi nad yw'r tâl, sef colli bywyd Cynddylan, yn werth y ddyletswydd i amddiffyn Trenn. Bargen wael a gafodd ei brawd yw cân Heledd; nid yw'r dreftadaeth yn haeddu hyn.

Mae'n werth tynnu sylw at y llinell 'Hidl fy nagrau [yma] lle y cwympa' o'r gerdd 'Stafell Gynddylan' yn y cyd-destun hwn hefyd. Yn y bragdy, mae 'hidl' yn offeryn hanfodol. Hwnnw sy'n gwahanu'r soeg (sef gweddillion yr hadau haidd) oddi wrth y breci (y llif coch a dywelltir o waelod y cawg soegi). Yn ei dro, bydd y breci'n cael ei gymysgu â pherlysiau a'i ferwi cyn ei adael i eplesu i greu cwrw. Pan fo rhywun yn 'wylo'n hidl', bydd y dagrau'n diferu'n ddi-baid ac yn llifeiriol am amser hir (fel arfer bydd hidlo'r brag yn cymryd rhyw awr a hanner mewn bragdy traddodiadol). Mae cyfeirio at 'hidl' yn sicr o arwain gwrandawyr y gân at 'gwrw Trenn' a'r wrogaeth glasurol a hawlir gan arwr, sef iddo fod yn werth ei gwrw. Mae'r darlun a'r ddelwedd yn cael eu hymestyn gan eirfa gwbl benodol a pherthnasol. Dagrau 'wedi'u hidlo' ydi'r cwrw, sef arwydd o deyrngarwch yr arwr, yn y diwedd.

Aeth Cynddylan i gau'r bwlch yn y rhengoedd (ar anogaeth ei chwaer efallai; dyna'r awgrym yn sicr). Fel Gwên, aeth ar ei ben ei hun – mae'n debyg mai gyda'i osgordd ei hun yn unig a olygir – ac awgrymir nad oedd ganddo ddigon o gefnogaeth i wynebu llu Lloegr: 'Ni elwir hynny'n 'goed' nad yw ond un pren'. Un pren yn ceisio sefyll yn y bwlch oedd Cynddylan. Dyna pa mor fain

---

[3] Daw'r testun gwreiddiol o *Yr Aelwyd Hon*, Llyfrau'r Dryw, 1970, tt. 44–5

[4] Gweler t. 191 o'r gyfrol hon

oedd hi am amddiffynwyr i'r Hen Bowys yn y diwedd.

Llys Pengwern oedd enw canolfan gwŷr Powys ym mro Trenn, ond mae gan Heledd enw anwylach arno: Stafell Gynddylan. Aelwyd ydi hi, nid llys gweinyddol. Ei brawd piau hi, nid y dalaith. Yn yr englynion 'Stafell Gynddylan' (tt. 194–7), mae'r lle fel yr oedd yn ei anterth yn fyw yn y cof o hyd ond mae drychiolaeth y gweddillion sydd o flaen llygaid Heledd o ben ei chraig drallodus yn creu darlun gwahanol. Unwaith roedd yno dân a chanhwyllau golau a chroeso i deithwyr; roedd cwmni difyr a sgwrsio mawr yno; roedd hi'n gadarn a phob llwybr yn y wlad yn arwain ati; roedd yno arglwydd a byddin a lloches i rai gwan; canai beirdd a cherddorion yn y neuadd ac roedd ynddi barch ac urddas.

Ansoddeiriau syml ac uniongyrchol sy'n creu'r darlun du o'r neuadd wedi'i difetha: tywyll, gwan, anhygyrch, drylliog, tawel. Eto mae pob ansoddair yn cael ei guro adref gan forthwyl rhythm llinell gyntaf pob englyn. O'u darllen yn uchel, mae siant hudolus yn sŵn y ddau air 'Stafell Gynddylan' ac mae ysbryd hiraethus i anadliad y gair 'heno'. Cawn fynd ar ôl arwyddocâd galarus y gair 'heno' yn nes ymlaen. Rhyngddynt daw'r ergyd, fel hoelen arch: tywyll, tawel, drylliog. Mae clepian gwag i'r arddodiad 'heb', 'heb' o hyd ac o hyd hefyd. Mae'n tanlinellu mai'r presennol heb bresenoldeb sy'n wynebu Heledd. Yn lle'r hyn oedd yn bopeth ganddi, nid oes ganddi ddim bellach. Ac nid heb yr holl bethau materol hynny y mae hi chwaith. Ar ben yr holl gysuron aelwyd sy'n absennol, y mae'n llwyddo i enwi'i theulu yn ei chân: Cynon, Gwion, Gwyn, Elfan yn ogystal â Chynddylan. Eto, mae'n ystyried mai marwolaeth fyddai'r waredigaeth orau iddi.

Mae'r pum englyn i'r Dref Wen (tt. 196–9) yn dilyn patrwm yr ailadrodd yn 'Stafell Gynddylan' i raddau. Unwaith eto, mae'r geiriau gwahanol o bennill i bennill yn tynnu mwy o sylw gan fod cymaint o'r lleill yn cael eu hailadrodd. Gwelwn ddaearyddiaeth y diriogaeth yn glir: mae'r dref ar gwr y coed ac yn y dyffryn. Cawn y teimlad ein bod yn edrych i lawr arni o uchder unwaith eto – gwelwn afonydd yn creu ffiniau iddi, gwelwn fynwentydd ar ei gororau (lle bu llawer o ymladd ar hyd y cenedlaethau).

Yn yr englynion i Stafell Gynddylan (ac Eglwysau Basa) mae canlyniadau erchyll y rhyfela yn hollol ganolog yn y darluniau. Nid felly yn englynion y Dref Wen. Yr hyn a glywn yn y rheiny yw bod dygymod ag ymosodiadau a brwydro fel hyn yn 'arferol' gan y trigolion. Ni fu ganddynt amser i drin y tir; bu'n rhaid i'r teuluoedd amaethyddol ymuno â'r rhyfelwyr. Nid gwrtharwriaeth yw hyn, ond talu teyrnged i deuluoedd y tir am ymuno yn y rhyfela.

Lle mae'r Dref Wen?

Yn yr englynion 'Cynddylan' (tt. 190–3), mae llinell sy'n dweud bod yr arglwydd wedi amddiffyn bro Tren, 'tref ei dad'. Mae haenau o ystyr i'r gair 'tref' yn y Gymraeg ond yn wreiddiol, fel y nodwyd, fferm neu ddaliad tir ydoedd – trefgordd. Pan amlhâi'r meibion a'r wyrion a'r gor-wyrion, codid rhagor o dai ar y fferm wreiddiol a rhennid y tir rhyngddynt.

Mae Melville Richards yn nodi bod 'tref' yn elfen bwysig sy'n dynodi cyfannedd:

... gair a olygai'n wreiddiol 'fferm' neu 'annedd unigol', a'r ystyr hon yn aros mewn ffurfiau fel *cartref* ac *adref*. Yna mewn rhai achosion, yn enwedig mewn cysylltiad â theuluoedd arbennig o flaengar, daeth y gair i olygu 'canolfan llywodraeth leol' a hefyd i ddynodi uned a oedd yn eithriadol bwysig yn yr Oesoedd Canol, ac a gadwodd lawer o'i bwysigrwydd tan yn gymharol ddiweddar. Yn wir, hyd yn oed heddiw mewn rhai ardaloedd mae'r hen *dref* yn dal yn effeithiol. Y cam olaf oedd defnyddio *tref* am gasgliad o anheddau ac yn gyfystyr â'r Saesneg *town*.[5]

Ond ynghlwm yn yr ystyr wreiddiol o 'ddaliad tir' y mae 'etifeddiaeth'. Dyma'r ddaear a'r eiddo sy'n cael eu trosglwyddo o genhedlaeth i genhedlaeth: 'tref ei dad' yn yr englyn i Gynddylan; 'treftad', 'treftadaeth' yn ein geiriadur ninnau.

Mae rhai dehonglwyr enwau lleoedd yn tybio mai cyfeiriad at Whittington (tre Hwita) ger Croesoswallt yw'r 'Dref Wen' a hynny yn bennaf am fod cyfeiriadau at y dref honno wrth yr enw 'y dref wen' mewn cerddi canoloesol Cymraeg. Ond enw person (Hwita), nid yr ansoddair 'white', sydd yn yr enw Sacsonaidd. Nid yw'n gyfieithiad o'r 'Dref Wen' na'r 'Dref Wen' ohono yntau.

Ceir tystiolaeth archaeolegol fod y gaer Rufeinig Viroconium wedi'i hanheddu gan Frythoniaid hyd y chweched ganrif drwy fod adeiladau pren (wedi'u gwyngalchu) wedi'u codi ar adfeilion y tai Rhufeinig. O ran ei daearyddiaeth, mae'n safle addawol. Mae'n union o dan yr hen fryngaerau ar Gaer Caradog, Dinlleu Gwrygon a bryniau eraill lle byddai Heledd unig yn crwydro dan y felan. Nid yw'n bell o gymer afonydd Trenn a Hafren. Roedd coedwigoedd wrth droed y bryniau ac roedd mynwent y tu allan i fur dwyreiniol y gaer. Mae'r adfeilion ar dir isel,

Tomen bridd ar safle llys tywysogion Powys ym Mathrafal, Maldwyn
Mae'n debyg bod y llys cynharaf ar y safle hwn yn dyddio'n ôl i'r nawfed ganrif, pan gafodd ei ail-leoli o fryngaer gynharach sydd ryw gilometr i ffwrdd. Mae archaeolegwyr yn dyddio'r gaer honno tua 656, pan losgwyd llys Pengwern neu efallai mor gynnar â 520 pan symudwyd prif ganolfan Powys

yn nyffryn Hafren. Ceir cyfeiriadau at ychen ac aredig yn yr englynion – ac roedd y tiroedd o amgylch Viroconium yn dir ardderchog i dyfu ŷd y dyddiau hynny fel ag y maent heddiw.

Mae'r hanesydd John Morris yn cynnig mai'r hen gaer Rufeinig hon yw'r Dref Wen: 'recent excavation suggests that a significant urban population remained in the centre of Wroxeter, living in well-built timber houses, when Roman building technology in masonry had been forgotten; no close date can be put upon them, but the royal hall of Cynddylan or his forebears may well lie among them.'[6] Ond 'caer' fyddai sefydliad Rhufeinig o'r fath, nid tref.

Efallai mai cyfeirio at un o'r bryngaerau llawr gwlad helaeth fel y Berth (ger Eglwysau Basa, lle claddwyd corff Cynddylan) neu Gaer Ogyrfan (bryngaer 'Old Oswestry' bellach) y mae'r enw. Eto, mae enwau'r afonydd yn awgrymu gwlad ehangach.

[5] Melville Richards, *Enwau Tir a Gwlad*, Gwasg Gwynedd, 1998, t. 103
[6] John Morris, *The Age of Arthur, A History of the British Isles from 350 to 650*, Phoenix Press, 1993, tt. 241–2

Mae Trafal, o bosib, yn cyfeirio at Fathrafal, man pwysig arall ym Mhowys a lleoliad y prif lys yn nyffryn Efyrnwy ar ôl cwymp Pengwern. Gall Trodwydd gyfeirio at 'Rhodwydd' yn ôl ysgolhaig arall. Mae Tomen y Rhodwydd yn gastell a godwyd gan Owain Gwynedd yn Iâl ar y ffin rhwng Gwynedd a Phowys. Efallai fod yr enw'n hŷn na'r castell a gwyddom hefyd fod amddiffynfa o gloddiau ger rhyd ar derfyn tiriogaeth yn cael ei galw'n 'Rhodwydd'. Mae 'rhwng Trenn a Throdwydd' a 'rhwng Trenn a Thrafal' yn awgrymu'r 'holl wlad rhwng yr afonydd sy'n creu terfynau iddi' – yr un math o idiom ag 'o Fôn i Fynwy' ac a geir yn enw'r deyrnas 'Rhwng Gwy a Hafren', oedd yn cynnwys Buellt, Cwmwd Deuddwr, Gwrtheyrnion, Maelienydd, Ceri, Llwythyfnwg ac Elfael.[7]

Tybed felly nad 'bro Trenn' yn ei chyfanrwydd yw'r 'Dref Wen'? Talaith oedd honno y bu canrifoedd o frwydro ynddi erbyn y cyfnod y canwyd cân Heledd:

Yr hyn ydyw ei harfer erioed –
Ar wyneb ei gwellt, ei gwaed …

Mwy arferol oedd tarian dyllog yn dod o frwydr
Nag ych mewn lle i orffwyso.[8]

Mae ysgolheigion yn ein dysgu bod yn rhaid gwahaniaethu rhwng 'cerdd' a 'thestun' wrth drafod gwaith y Cynfeirdd. Cerddi a gyfansoddwyd yn llafar oedd y cerddi arwrol cynnar – cerddi i'w traddodi mewn neuaddau i ddathlu a galaru ac i ysbrydoli'r llwyth a'r llu milwrol yn y wledd. Yn ôl damcaniaeth gyffredin, mae'n debyg y byddai'r cerddi llafar yn newid rhywfaint bob tro y caent eu datgan, yn cynnwys cyfeiriad cyfoes efallai, neu ddiweddariad o ran iaith, ond unwaith y caent eu hysgrifennu ar femrwn byddent yn arhosol, yn 'gadwedig'. Mae'r canu arwrol cynnar yn cyfeirio at ddigwyddiadau hanesyddol rhwng y bumed a'r seithfed ganrif, a does dim tystiolaeth hanesyddol i danseilio'r ffeithiau a gyflwynir ynddynt, er y gall ysgolheigion ddadansoddi oddi wrth nodweddion yr Hen Gymraeg yn y testun na chawsant eu cofnodi hyd y nawfed ganrif i'r unfed ganrif ar ddeg. Hynny yw, gallwn dderbyn bod Brwydr Argoed Llwyfain wedi'i hymladd ar ddydd Sadwrn yn yr Hen Ogledd a bod byddin Owain wedi trechu byddin Fflamddwyn, fel y caiff ei ddathlu yng ngherdd Taliesin. Byddai'n anghywir i neb adrodd hanes Prydain gan anwybyddu'r cerddi cynnar.[9]

Mae'r hanesydd John Morris yn dyddio'r ymosodiad ar Lys Pengwern naill ai yn 656 gan Oswy a gwŷr Northumbria, neu yn fuan ar ôl 658 a hynny gan lu o deyrnas Mersia dan arweiniad Wulfhere.[10] Mae cyd-destun hanesyddol i Ganu Heledd felly, ond er bod testun cynnar englynion Canu Llywarch Hen a Chanu Heledd yn awgrymu eu bod wedi'u cofnodi'n wreiddiol yr un adeg â'r awdlau cynnar, awgrym yr ysgolheigion ydi na ellir eu derbyn fel tystiolaeth hanesyddol. Adroddiad llygad-dyst sy'n adrodd yr hyn a welodd y bardd yw natur y canu yn yr awdlau. Natur ddramatig, yn cyflwyno drwy gymeriadau, a geir yn yr englynion. Nid ydynt yn arddull yr

[7] J. Idwal Jones, *Atlas Hanesyddol Cymru*, Gwasg Prifysgol Cymru, 1975, tt. 20–2

[8] Gwyn Thomas, *Hen Englynion*, tt. 147–8

[9] John T. Koch, *Cunedda, Cynan, Cadwallon, Cynddylan*, Canolfan Astudiaethau Cymreig a Cheltaidd Prifysgol Cymru, 2013, t. 6

[10] John Morris, *The Age of Arthur*, t. 243

Eglwys Beuno Sant, Aberriw (1789)
Mae un ysgolhaig wedi cynnig mai yn llan Beuno Sant ar y safle hwn y cofnodwyd englynion Canu Heledd gyntaf erioed

awdlau mawl diweddarach yn llysoedd y brenhinoedd a'r tywysogion. Maent yn ymwneud â diwedd llinach a chwalu teyrnasoedd – go brin y byddent yn 'wleidyddol dderbyniol' mewn neuaddau arweinwyr. Mae ysgolheigion yn eu cyflwyno fel 'hanesion creadigol' yn seiliedig ar ffeithiau ac efallai ar rai o'r awdlau a gyfansoddwyd ddau gan mlynedd ynghynt. Dyma'r sioeau cerdd cyntaf yn y Gymraeg, o bosib, gyda'r pwyslais ar y stori a'r myth, yn hytrach na chofnodi hanes pur.

Wrth gymharu Canu Heledd ag awdl un o'r Cynfeirdd, 'Marwnad Cynddylan', mae John T. Koch yn awgrymu bod llinell o'r gerdd o'r seithfed ganrif sy'n disgrifio brwydr ac yn dweud na ddychwelodd brawd at ei chwaer wedi'i 'hymestyn' yn y cerddi dramatig a ddilynodd. Mae'n bosib, medd yr ysgolhaig, mai cyfeiriad at fynaich Bangor Is-coed yn cael eu dienyddio adeg Brwydr Caer 616 yw'r llinell wreiddiol (brawd: mynach) ond bod awdur yr englynion wedi gweld cyfle yn honno i greu cymeriadau'r brodyr a'r chwiorydd yng Nghanu Heledd.[11] Mae Jenny Rowland wedi dangos nad oes gan awdur Canu Heledd wybodaeth ddaearyddol na hanesyddol fanwl o'r Hen Bowys.[12] Mae'r bardd yn y nawfed ganrif yn defnyddio enwau Seisnig ei gyfnod, megis Eglwysau Basa ac Ercal – enwau Brythoneg a Chymraeg fyddai ar y lleoedd hyn yn y seithfed ganrif. Mae'r dull y lleolir y 'Dref Wen' rhwng gwahanol afonydd mor amwys nes ei fod yn ddiystyr. Nid manylu ar union ffeithiau hanesyddol na'r union leoliadau daearyddol a wneir, a'r rheswm dros hynny, meddai, yw nad dyna'r elfennau pwysig yn y canu. Manion ydi'r rheiny i'r bardd, pethau ymylol. Yr hyn sy'n bwysig yw cynnal y myth bod y tiroedd hyn wedi dioddef canrifoedd o frwydro gwaedlyd.

Gallwn holi, felly, pwy oedd cynulleidfa'r 'ddrama' am Heledd. Mae'n bosib nad ar gyfer yr arweinwyr a'r rhyfelwyr yn y nawfed ganrif y cyfansoddwyd hi ond ar gyfer cynulliad mwy 'teuluaidd' na fyddai union achau'r cymeriadau a ffeithiau hanesyddol hollol gywir yn fawr o boendod iddynt, efallai. Hyd yn oed pan gyfansoddwyd yr englynion, roeddent eisoes yn edrych ar hanes fel myth. Nid portreadu Powys fel yr oedd hi yn 600–650 y maen nhw. Maent yn edrych ar hanes o safbwynt digwyddiadau a gwleidyddiaeth gyfoes 850. Gwneud defnydd o'r straeon fel myth arwyddocaol i'r nawfed ganrif sydd yn yr englynion gwreiddiol, yn union fel yr ailddefnyddiwyd y myth yn chwarter olaf yr ugeinfed ganrif i edrych ar y Gymru gyfoes bryd hynny. Nid englynion wedi'u piclo mewn hanes ydyn nhw; maen nhw'n nes at ddefnydd Hollywood o hanes.

Yn y canu arwrol cynnar, canu clod milwr neu bennaeth a gollwyd y mae Taliesin ac Aneirin. Erbyn y nawfed ganrif, mae'r canu'n ymestyn y golled i chwalu a llosgi llysoedd a threfi a cholli treftadaeth gyfan. 'Y Dref Wen' yw'r dreftadaeth honno sydd wedi'i chipio gan y Saeson.

[11] John T. Koch, *Cunedda, Cynan, Cadwallon, Cynddylan*, t. 6
[12] Jenny Rowland, *A Selection of Early Welsh Saga Poems*, MHRA, 2014, t. 139

7 Colli'r bobl, colli bro

Pan ebychodd B. T. Hopkins y llinell 'Rhos Helyg heb wres aelwyd!'[1] yn ei gywydd wrth weld dirywiad y gymdeithas, a'r tai gwag ar fryniau canolbarth Ceredigion yn yr ugeinfed ganrif, roedd ei ganu'n perthyn i draddodiad hir. Gallwn olrhain y galaru am dir, yn ogystal â'r bobl oedd yn arfer byw arno, mewn barddoniaeth Gymraeg yn ôl i Ganu Llywarch Hen a Chanu Heledd. Lle bu 'gardd', 'clyd fwthyn' a 'sawr y gwair' adeg cynhaeaf, y mae drain a brwyn a chrinwellt yn Rhos Helyg. Aeth diddanwch cymdeithas i ganlyn yr alltudio. Daeth oerni a distawrwydd lle'r oedd bywyd a bwrlwm. Y mynydd sydd wedi ailfeddiannu'r tir uchel hwn – cafodd ei ddofi am gyfnod drwy ymdrech a chydlafur y teuluoedd tlawd, ond yna aeth yn ôl i'r gwyllt.

Dylanwad yr hen englynion ar ganu diweddarach

Yn 1951, enillodd T. Glynne Davies y goron yn Eisteddfod Genedlaethol Llanrwst gyda'i bryddest 'Adfeilion'. Darlun o ddirywiad mewn bro wledig a geir yn hon yn ogystal ac mae'r berthynas â'r hen ganu'n cael ei arddel yn agored. Mae cysylltu un chwalfa gyda chwalfa arall yn ychwanegu haen arall o boen i'r darlun:

> Stafell fy nghariad
> Ys tywyll heno,
> Ac aflêr yw meini ei hannedd hi.[2]

Nid oes yr un bardd yn canu mewn gwagle. Mae lleisiau a cherddi beirdd oesoedd o'i flaen wedi creu traddodiad barddol iddo yn yr iaith y mae'n ei defnyddio. Mae ganddo idiomau a dywediadau yn yr iaith honno, sy'n canu clychau wrth iddo'u defnyddio yn ei linellau. Cafodd beirdd fesurau ac elfennau o grefft fydryddol o'r traddodiad hwnnw hefyd. A bydd rhai geiriau yn llusgo cerbydau o ystyron y tu ôl iddyn nhw, fel trên bach yn dod allan o dwnnel yn y mynydd. Pan ddefnyddiodd T. Glynne Davies y gair 'Stafell' ar ddechrau llinell gyntaf y pennill uchod, roedd yn defnyddio un o'r 'geiriau trên bach' hynny. Dyna roi cyd-destun a dyfnder arall i'r farddoniaeth a deffro dolennau o gof yn yr isymwybod.

Rhyw fath o 'Gŵgl' ydi'r cof wrth glywed rhai geiriau mewn cân neu gerdd. Mae gan bob un ohonom ein system gwglo bersonol sy'n arwain y meddwl ar hyd cledrau atgofion wrth i'r gair gyffwrdd â phrofiadau eraill o'n gorffennol. Dyna pam ein bod yn ymateb yn unigol i farddoniaeth, gan ddwyn ein profiadau ein hunain at yr emosiwn sy'n cael ei rannu.

Rydym hefyd yn ymateb fel pobl sy'n rhannu'r un iaith. Mae profiadau yn perthyn i'r iaith ei hun gan ei bod wedi cael ei defnyddio mewn dull arbennig ar adeg neilltuol. Wrth ddarllen Canu Llywarch Hen a Chanu Heledd, gallwn olrhain nifer o brofiadau'r Gymraeg i'r geiriau ynddynt.

[1] B. T. Hopkins, 'Rhos Helyg', *Y Flodeugerdd o Gywyddau*, gol. Donald Evans, Christopher Davies, 1981, t. 104

[2] T. Glynne Davies, 'Adfeilion', *Cerddi T. Glynne Davies*, Cyhoeddiadau Barddas, 1987, t. 181

Heno

'Ys tywyll heno' yw Stafell Gynddylan. 'A heno rwyf fy hunan,' meddai Llywarch Hen amdano'i hun mewn gwth o oedran, wedi colli'i frwydrau ac yn fwy na dim, wedi colli'i feibion. Daliodd y gair 'heno' win tywyll yn ei wydryn yn y Gymraeg. Bron yn ddieithriad pan gaiff ei ddefnyddio mewn darn o farddoniaeth neu gân, mae tinc o dristwch a chysgod oer iddo.

Yn ddall ac yn ei hen ddyddiau, mae'r cywyddwr Guto'r Glyn yn galw o'i gell yn Abaty Glyn y Groes yn niwedd yr Oesoedd Canol:

> Mae'r henwyr? Ai meirw'r rheini?
> Hynaf oll heno wyf i.[3]

Ydi'r hen ddynion i gyd wedi marw? Mae hynny'n golygu mai Guto yw'r dyn hynaf yn ei gylch. Does neb yn nabod y bobl y mae'n sôn amdanynt. Mae arferion yr oes wedi newid a dydyn nhw ddim yn deall ei ffordd yntau bellach. Mae'r 'heno' yn ein gosod yn y presennol hwnnw sy'n gweld colli'r gorffennol ac mae baich o hiraeth a dagrau yn y pedair llythyren.

Roedd Ifor Williams wedi sylwi bod 'heno' (*anocht* mewn Gwyddeleg) yn air poblogaidd yn y cyrch ym marddoniaeth gynnar y ddwy iaith fel ei gilydd – ac yn arbennig felly os mai lleddf oedd y canu. Mae dau o englynion Juvencus, a gofnodwyd tua'r nawfed ganrif, yn dechrau â'r llinellau: 'Ni chanaf, ni chwarddaf, ni lefaraf fi heno,'[4] ac mewn hengerdd Wyddeleg ceir 'Yr wyf dan alar trwm heno …' a 'Trallodus wyf heno …'. Ei sylw yw, 'Onid oes yma awgrym mai mewn canu cwynfanus, trist, y daeth hyn yn ffasiwn?'[5]

Gwneir defnydd helaeth o'r gair yn yr englynion cynnar, gan awgrymu bod teimladau dwys yn perthyn iddo cyn hynny. Fe glyw Heledd eryr Pengwern yn galw: 'pell galwawt heno' (hir y geilw heno), a chaiff hyn ei ailadrodd eto yn y gyfres. Mae naws tebyg i'r ansoddair 'pell' hefyd. Cafodd ei gyfleu gan 'hir' yn y diweddariad – ond mae'n cynnwys ystyron eraill fel 'o'r gorffennol', 'o fro arall', 'oer', 'dideimlad' yn ogystal. Mae cyfuno 'pell' a 'heno' yn ymosodiad pwerus ar ein hemosiynau.

Wedi casglu corff Cynddylan, aed ag ef i Eglwysau Basa i'w gladdu ac mae cyfres o englynion yng Nghanu Heledd i'r bedd. Yn anorfod, down ar draws y defnydd o'r gair hwnnw sy'n gysgod dros yr holl englynion: 'Eglwysau Basa yw ei orffwysfa heno'.[6]

Mae rhagor o enghreifftiau o 'heno' yn yr englynion. Mae'n cael ei adleisio ar hyd y canrifoedd. Yn y gân werin 'Os daw fy nghariad i yma heno' mae'r garwriaeth wedi dod i ben; mae'r serch a fu ar yr aelwyd yn llwch oer. Hen gapten llong hwyliau

[3] Guto'r Glyn.net, 117.1–2

[4] Gwyn Thomas, *Hen Englynion*, Cyhoeddiadau Barddas, 2015, t. 88

[5] Ifor Williams, 'Tri Englyn y Juvencus', *Bulletin of the Board of Celtic Studies,* VI, 1933, tt. 105–6

[6] Gwyn Thomas, *Hen Englynion*, t. 146

Eglwysau Basa

Eglwys Baschurch heddiw – yn ôl yr englynion, yma y claddwyd Cynddylan

oedd Joshua a ddiflannodd wrth hwylio o amgylch y byd yn ei brotest yn erbyn llongau stêm. Canodd Meic Stevens faled hiraethus amdano ac yn y cytgan mae'r geiriau 'ond hwylio wyt heno ... efallai 'ddoi di ddim yn ôl'.[7] Wrth gofio ei gyd-fardd a'i gyfaill triw, mae Gerallt Lloyd Owen yn mynegi'r gwagle sydd yn ei fywyd ar ôl Dic Jones:

> Wyf heno wrthyf f'hunan,
> Wyf ar goll, bu farw'r gân.[8]

Dyna gydio'i golled â'r holl golledion y canwyd amdanynt yn yr iaith erioed. Dyna a olygir wrth 'ganu clasurol'. Mae'r defnydd o eiriau ac idiom yn yr hen ganu englynol wedi creu traddodiad cyfoethog sy'n dal i fwydo a maethu ein cynnyrch llenyddol ninnau heddiw.

Gwyn a gwen

Yr ochr arall i bont enfys ein teimladau mae'r rheiny sy'n gysylltiedig â'r gair 'gwyn'. Un ystyr amlwg yw'r lliw gwyn – ac mae'n amlwg mewn enwau lleoedd gan fod gwyngalchu tŷ yn yr hen ddyddiau yn arwydd o statws, gofal a chyfoeth. Beudai'r gwartheg a thylciau'r moch oedd yn glai neu garreg noeth, ond roedd tai annedd ac adeiladau nodedig yn cael eu calchu: Tyddyn Gwyn, Hafoty Gwyn, Castell Gwyn, Plas Gwyn, Eglwys-wen. Mae olion rhai o'r enwau hyn yn swydd Amwythig hyd heddiw.

[7] Meic Stevens, 'Joshua', *I Adrodd yr Hanes*, Gwasg Carreg Gwalch, 1993, t. 89
[8] Gerallt Lloyd Owen, 'Dic', *Taliesin*, 139, Gwanwyn 2010, tt. 104–111

Ystyr arall yw 'sanctaidd', ac mae'r defnydd o'r elfen
honno mewn geiriau fel 'gwynfa' a 'gwynfyd' yn ein codi
i dir gwahanol. Mae'n cyfleu ysbryd o ddedwyddwch a
pherffeithrwydd. ''Mabi gwyn i,' meddwn ni wrth y tlws
yn ein breichiau. 'Gwyn dy fyd di' ydi'n cyfarchiad ni wrth
weld rhywun yn cael y rhyddid i fwynhau ei hoff bethau.
Adeg y cynhaeaf, mae'r gwenith yn 'wyn' – ac mae harddwch
dyfnach na lliw yn unig ynghlwm wrth yr ansoddair.

'Gwynn y byt, Freuer' (Gwyn ei byd hi, Ffreuer), meddai'r
cymeriad Heledd am ei chwaer farw. Yr awgrym yn yr englynion
iddi yw ei bod y tu hwnt i faich hiraeth. Yn wan ac ar ffin
marwolaeth ei hun, mae morffin naturiol y corff wedi dileu'r
poenau o'i meddwl. Mae'n gorwedd yn ddiniwed mewn byd
arall eisoes. Gelwir hi'n 'Ffreuer Wen'. Gelwir y brawd yn
'Cynddylan Wyn'. Mae anwyldeb a pherthynas agos, ysbrydol
bron, yn cael ei gyfleu inni.

Yr un modd, mae'r enw 'y Dref Wen' yn deffro delweddau
yn ein dychymyg. Ai 'tref' (h.y. tŷ ar yr uned o dir a elwid yn
'dref') wedi'i gwyngalchu sydd yma? Neu strydoedd o dai wedi'u
gwynnu (fel yn hanes adfeilion Caerwrygon)? Gall 'gwyn / gwen'
mewn enwau lleoedd olygu 'yn llygad yr haul' tra gall 'du'
olygu cil haul (fel ym Mhentre Gwyn a Phentre Du, rhannau
o Fetws-y-coed). Gall yr ansoddair gyfeirio at liw'r pridd yn
y tir neu at fath o lystyfiant yn ogystal. Neu ai treftadaeth â
gwerth ysbrydol iddi ydi hi? Mae'r holl bosibiliadau hyn yn

cyfoethogi'r englynion ac eto mae adleisiau o'r 'gwynfyd' sy'n perthyn i'r enw i'w clywed drwy ganrifoedd y Gymraeg. Ond mae colli'r 'gwynder' yn dwysáu'r tywyllwch yn yr englynion, wrth gwrs.

Tynged

Gair arall y down ar ei draws yn gyson yn y canu hwn yw 'tynged' – 'Truan a dynged a dynged i Lywarch' (Tynged druan a dyngwyd i Lywarch). Mae a wnelo mân wahaniaethau â'r we o gysylltiadau rhwng geiriau a'i gilydd a rhwng geiriau a theimladau, synhwyrau a meddyliau. Nid ffawd neu lwc neu hap a damwain ydi tynged, er bod thesawrws yn eu cynnwys dan yr un ymbarél. Mae 'ffawd' (fel 'ffodus') yn golygu 'lwc dda' (ac anffawd yn groes i hynny, wrth gwrs). Mae'r gair Saesneg *fate* yn golygu'r da a'r drwg. Ond mae'r negyddol yn gryf yn 'tynged'. Mae'n perthyn i 'tyngu' (fel 'tyngu llw'), gyda chysylltiadau â melltithio a melltith y duwiau. Yn eu hanfod, daw gwreiddiau'r gair a'r syniadau ofergoelus sydd ynghlwm wrtho o'r hen baganiaeth Geltaidd. Mae'r 'dynged' y mae rhywun wedi'i derbyn ers dydd ei eni yn golygu gwaharddiad hyd angau. Tynged druenus oedd un Llywarch fel y mae Gwyn Thomas yn egluro:

> Ceir elfennau o'r hen grefydd a'r un newydd yn y gred am dynged sydd i'w chael, er enghraifft, yng Nghanu Llywarch Hen o'r nawfed ganrif, efallai. Wrth edrych yn ôl ar ei fywyd y mae Llywarch yn teimlo'i fod yn gweld patrwm o anffawd, dyma ei 'dynged' enbyd. Dyma pam y mae ei elyn wedi

ei orchfygu, pam y mae wedi colli ei feibion i gyd, pam
y mae'n hen ŵr trallodus, digroeso yn unrhyw le.[9]

'Diriaid' yw'r gair a ddefnyddir yn helaeth drwy'r hen
englynion i gyfleu anlwc. Mae Gwyn Thomas eto yn dangos
sut mae'r englynion yn rhoi cyfiawnhad moesol i dynged
Llywarch – ei gosb ydyw am fod yn ymffrostgar ac am roi
dwrn yng nghefn ei feibion a'u gwthio i'r brwydrau:

> Yma rydym ni'n taro ar hen gred fod pawb yn cael ei eni'n
> lwcus (dedwydd) neu'n anlwcus (diriaid), ac na all ewyllys
> dyn wneud dim ynghylch hyn: y mae fel rhagetholedigaeth.
> Ond er bod hyn yn cael ei ddweud yng Nghanu Llywarch,
> y mae yn y canu hwnnw ymdrech – Gristnogol, debygaf fi
> – i nodi rheswm dros ei 'ddireidi', ei anlwc. Y mae'n euog
> o fod yn drahaus ac y mae wedi dweud pethau a ddaeth
> â'r drwg am ei ben. Hynny yw, fe'i gwneir yn gyfrifol am
> ei ystâd. Yr hyn sy'n drawiadol yma yw mor hir y mae
> syniadau o hen grefydd yn parhau.[10]

Mae'n bosib bod cysylltiadau sain rhwng geiriau a'i gilydd
yn lliwio eu hystyron cefndirol. Ai cyd-ddigwyddiad yw hi
bod 'heno' yn acennu'n gynganeddol gyda 'henaint, 'hunan',
'hynaf'? Mae 'dy dynged' yn cynnwys yr un trawiad cytseiniol
â 'dy angau' a 'diangor', ac mae'n amlwg bod llinellau o
gynganeddion sy'n cynnwys yr elfennau hyn yn dolennu'u
hystyron hefyd yn ein hisymwybod. Mae 'lloer' ac 'oer' yn
odli yn y Gymraeg. Ai cyd-ddigwyddiad yw hi mai ar noson
ddigwmwl y mae'r lleuad gliriaf – ac mai dyna pryd y bydd
hi oeraf ar y ddaear hefyd?

[9] Gwyn Thomas, *Duwiau'r Celtiaid*, Gwasg Carreg Gwalch, 1992, t. 61
[10] Gwyn Thomas, *Duwiau'r Celtiaid*, t. 62

Difro

Mewn cyfres o englynion yng Nghanu Urien, cyfeirir at gymeriad o'r enw 'Llofan Llaw Ddifro (neu Ddifo)', sef 'Llywarch Ddi-fro, Ddigartref' yn ôl un dehongliad. Mae'r 'Trioedd', casgliad o hen ddywediadau cynnar, yn enwi Llywarch a Heledd fel dau o dri 'trwyddedig' Ynys Prydain, sef rhai sydd â thrwydded i gardota a hawl i gael mynediad i lys Arthur a chael lloches yno. Yn y cyfresi hyn o englynion, down i adnabod Llywarch a Heledd fel y rhai sydd wedi colli'u tiriogaeth yn ogystal â'u teuluoedd. Maent wedi colli'u hanwyliaid a'u haelwydydd ac yn wynebu ing y rhai sydd wedi'u gadael ar ôl wedi rhyfela milain.

Cydiodd Saunders Lewis yng nghysylltiadau'r gair 'tynged' wrth enwi ei ddarlith ar ddyfodol yr iaith Gymraeg.[11] Darlledwyd y geiriau hynny yn ystod adeiladu'r argae ar draws afon Tryweryn. Roedd lladd cymdogaeth Gymraeg ym mhentref Capel Celyn a'r darluniau du, terfynol o ddiwedd iaith a gyflwynodd Saunders Lewis yn benodau newydd ar fyth yr Hen Bowys yn ein hanes fel Cymry. Esgorodd ar ganu rhybuddiol-broffwydol, barddoniaeth a oedd yn amlygu a phwysleisio argyfwng y Gymraeg, a'r angen i'w hamddiffyn rhag difancoll.

[11] Saunders Lewis, *Tynged yr Iaith*, Gwasg Gomer, 2012

[12] Saunders Lewis, *Tynged yr Iaith*, Gwasg Gomer, 2012, t. 59

[13] Gwynn ap Gwilym, 'Can Gwên', *Cadwn y Mur*,
(gol. Elwyn Edwards), Cyhoeddiadau Barddas, 1990, t. 15

[14] Sgwrs gyda Ieuan Wyn, Tachwedd 2014

'Ystyriwch fater Cwm Tryweryn a Chapel Celyn.
Pa achos a oedd i bobl Cymru wrthwynebu cynllun
Corfforaeth Lerpwl i foddi'r dyffryn a'r pentre
a throi'r fro yn gronfa ddŵr i ddiwydiannau'r
ddinas? Yr oedd y cynllun yn chwalu cymdeithas
Gymraeg uniaith yn un o ardaloedd gwledig
hanesyddol Meirion. Amddiffyn iaith, amddiffyn
cymdeithas ydyw, amddiffyn cartrefi a theuluoedd.
Heddiw ni all Cymru fforddio chwalu cartrefi'r
iaith Gymraeg. Maen nhw'n brin ac yn eiddil. Bu
cynadleddau o holl awdurdodau lleol Cymru dan
lywyddiaeth Arglwydd Faer Caerdydd yn protestio
yn erbyn mesur Lerpwl. Aeth y mesur drwy'r Senedd
yn rhwydd. Y mae Lerpwl yn ddinas fawr boblog
a'i dylanwad politicaidd yn aruthrol.'[12]

Tynged yr Iaith
Dyfyniad o ddarlith 'Tynged yr Iaith' Saunders Lewis

Ailganwyd caneuon Llywarch a Heledd yn helaeth mewn
barddoniaeth a dramâu cerdd Cymraeg ers 1970. Wrth ennill
coron Eisteddfod Bangor a'r Cylch (1971), mae sawl un o gerddi
Bryan Martin Davies yn seiliedig ar yr Hengerdd. Mynd i'r
rhyd i sefyll ac i wylio a wnaeth Gwên, ac 'I Ryd y Forlas
yr af i farw'[13] oedd y geiriau a ganodd Gwynn ap Gwilym
ac a gâi eu llafarganu yn y Vaults ym Mangor Uchaf pan
gyhoeddwyd y gerdd yn un o gylchgronau'r myfyrwyr.[14]

Darlun du o ddiwedd ei byd a geir yn y disgrifiad o Heledd ym mhryddest Alan Llwyd yn Rhuthun yn 1973:

> Heledd ... Heledd ... yr olaf o'i hil ...
> fel saeth ar drafael seithug
> heb nod i'w gwib na'i ehediad,
> heb blu i'w hybu o'i hôl ...
> dirwyn i ben y mae d'oriau'n y byd,
> dy hoedl wedi ehedeg ...[15]

Deilen

Darlun arall a gyflwynwyd yn englynion yr Hengerdd sydd wedi rhoi gwythïen gyfoethog i'n traddodiad barddol yw un y ddeilen. Yn yr englyn adnabyddus yng nghân yr henwr gan Lywarch Hen, 'Y ddeilen hon', deilen yw einioes dyn. Deilen hefyd yw'r genedl. Yn awdl 'Y Daith' Idris Reynolds, crinodd y ddeilen a glesni'r diwylliant Cymraeg mewn un ddelwedd:

> Marw yw Gwên, marw yw'r heniaith – ac esgair
>   Ddi-gysgod yw'r dalaith;
>   Yng ngaeafau'r anghyfiaith
>   Dail gwyw yw cenedl ac iaith.
>
> Y rhuddin a ddiwreiddiwyd – ac angau
>   Y gangen dynghedwyd,
>   Glesni'r gelli a gollwyd,
>   Oer a llwm yw'r erwau llwyd.[16]

Heddychiaeth

Rhwng y ddau ryfel byd yn yr ugeinfed ganrif, cydiodd
T. Gwynn Jones yn y traddodiad mai mynach oedd Cynddilig,
un o feibion Llywarch. Yn ei gerdd hir iddo,[17] merthyr dros
heddwch yw'r mab hwn – mae'n cael ei ladd wrth achub
caethferch rhag saethau'r Saeson. Cyn hynny, ef yw'r un
sy'n canfod cyrff Gwên a'i elyn ger Rhyd Forlas – y ddau
wedi cyd-drywanu'i gilydd ar yr un ennyd, 'dagr y naill
ŵr hyd garn yn y llall'. Mae'n sicr bod yr olygfa hon dan
ddylanwad disgrifiad Robert Graves o ganlyniad tebyg ym
Mrwydr Coed Mametz, 1916, ac mae cyd-destun recriwtio
i'r rhyfeloedd byd i 'Cynddilig'. Prif thema cerdd T. Gwynn
Jones yw bod angen llawn cymaint o ddewrder i arddel
heddychiaeth mewn cyfnod o ryfel ag sydd i fod yn filwr
ar faes y gad.

'Y ddeilen hon, neus cynired gwynt'

[15] Alan Llwyd, 'Y Dref', *Cyfansoddiadau a Beirniadaethau Eisteddfod
Genedlaethol Rhuthun*, Llys yr Eisteddfod, 1973, t. 53

[16] Idris Reynolds, 'Y Daith', *Cyfansoddiadau a Beirniadaethau Eisteddfod
Genedlaethol Dyffryn Conwy a'r Cyffiniau*, Llys yr Eisteddfod, 1989, t. 21

[17] T. Gwynn Jones, 'Cynddilig' (cyfansoddwyd Tachwedd 1934),
Y Dwymyn, Gwasg Aberystwyth, 1944, tt. 19–36

8 Yr hen wraig grwydrol

Yn fuan ar ôl y refferendwm datganoli a'r bleidlais 'Na' yn 1979, cyfansoddodd Dafydd Iwan gân y mae'n ei chyflwyno drwy ddweud ei bod 'ar batrwm caneuon Gwyddelig sy'n portreadu'r genedl fel gwraig, hen ac ifanc'.[1] Pan mae'n galed ar y genedl, mae'r wraig chwedlonol hon yn ei charpiau, yn crwydro'r tiroedd anial yn ddigartref, yn destun trueni a mymryn o wawd. Mae tinc o'r 'hen genedl', sef Israel, yn yr anialwch am ddeugain mlynedd yn y darlun yn ogystal, sy'n apelio at yr isymwybod Anghydffurfiol Cymreig.

Darlun o henaint yw'r cyflwyniad i'r cymeriad. Gwelwn y gaeaf ynddi a sylweddolwn faint y blinder a'r faich o siom a dadrithiad sy'n pwyso arni:

> Mi welais hen wreigan yn eistedd mewn cornel
> A'i hwyneb yn hen a blinedig,
> Siaradai yn ddistaw am oesau a fu
> Mewn llais oedd yn wan a chrynedig ...
>
> Treiglodd y dagrau i lawr hyd ei gruddiau,
> A'i geiriau yn troi yn ochenaid
> Wrth feddwl am fywyd o lafur a phoen,
> A'r siom a roes graith ar ei henaid.[2]

Yng nghân Dafydd Iwan, mae'r hen wraig yn cynrychioli'r isafbwynt hwnnw yn 1979, dros hanner can mlynedd ar ôl sefydlu Plaid Cymru, pan sylweddolodd y cenedlaetholwyr

[1] Dafydd Iwan, *Holl Ganeuon Dafydd Iwan*, Y Lolfa, 1992, t. 116

[2] Dafydd Iwan, 'Mae'n Disgwyl', *Holl Ganeuon Dafydd Iwan*, t. 116

[3] J. R. Jones, *Ac Onide*, 'I Ti y Perthyn ei Ollwng', Christopher Davies, 1970, tt. 173–4

yn y bleidlais dila o blaid 'Ie' nad oedd digon o ffydd na hyder gan bobl Cymru i gael rheolaeth dros ei heconomi, ei diwylliant a'i dyfodol ei hun.

Wrth ystyried sefyllfa Cymru, dywedodd J. R. Jones yn 1970 ei fod yn

> gweld rhywbeth tebyg i ddrych neu ddarogan o'i chyflwr yn yr englynion yn y Llyfr Coch sy'n darlunio'r dywysoges Heledd yn crwydro'i thiriogaeth anrheithiedig – a aethai mewn unnos yn 'wast o ludw' o'i chwmpas – ei theulu a'i thŷ a'i thiroedd wedi eu cipio oddi arni, a hithau, fel petai, yn y gwacter y gadawyd hi ar ôl ynddo, yn dechrau colli gafael ar ei rheswm ac yn dechrau anghofio pwy ydoedd. 'Heledd hwyedig', meddai, 'y'm gelwir'. Ac meddai: 'Namyn Duw, pwy a'm dyry pwyll?' Ac yna'r ochenaid fawr ddrylliog, ddiobaith: 'Y mawr drugarog Dduw, pa wnaf?'[3]

Heledd hwyedig y'm gelwir

Shan Van Vocht

Mae cymeriad yr hen wraig garpiog yn un byw iawn yn niwylliant a gwleidyddiaeth Iwerddon, fel y noda Dafydd Iwan. Enw Gwyddeleg y cymeriad yw *Sean-Bhean Bhocht* ('yr hen wraig druan') a chaiff ei sillafu'n ffonetig yn aml yn llenyddiaeth Saesneg yr ynys: 'Shan Van Vocht'. Mae'n codi'i phen gyntaf mewn barddoniaeth Wyddeleg gynnar ac mae'i hysbryd yn cerdded drwy sawl gwrthryfel a gwrthsafiad ar hyd y canrifoedd, gyda geiriau'r baledi'n cael eu haddasu yn ôl natur

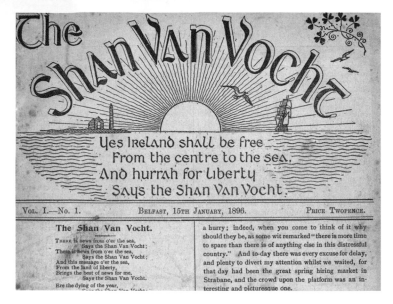

The Shan Van Vocht

Yes Ireland shall be free
From the centre to the sea,
And hurrah for Liberty
Says the Shan Van Vocht.

VOL. I.—No. 1.   BELFAST, 15TH JANUARY, 1896.   PRICE TWOPENCE.

The Shan Van Vocht.

THERE is news from o'er the sea,
    Says the Shan Van Vocht;
There is news from o'er the sea,
    Says the Shan Van Vocht;
And this message o'er the sea,
From the land of liberty,
Brings the best of news for me,
    Says the Shan Van Vocht.
Ere the dying of the year,

a hurry; indeed, when you come to think of it why should they be, as some wit remarked "there is more time to spare than there is of anything else in this distressful country." And to-day there was every excuse for delay, and plenty to divert my attention whilst we waited, for that day had been the great spring hiring market in Strabane, and the crowd upon the platform was an interesting and picturesque one.

gwleidyddiaeth y cyfnod. Un o'r baledi enwocaf yw'r un sy'n proffwydo Gwrthryfel 1798 pan fyddai'r United Irishmen yn derbyn arfau oddi ar longau o Ffrainc yn Bantry Bay:

> 'Oh the French are on the sea,' says the Sean Bhean Bhocht,
> 'The French are on the sea,' says the Sean Bhean Bhocht,
> 'Oh the French are in the Bay, they'll be here without delay,
> And the Orange will decay,' says the Sean Bhean Bhocht.[4]

Yn nrama W. B. Yeats, *Kathleen Ní Houlihan* (a berfformiwyd am y tro cyntaf yn Nulyn yn 1902), mae'r dramodydd yn defnyddio enw poblogaidd arall ar yr hen wraig druan. Mae'r cymeriad yn gyfuniad o hen wrach a duwies ryfel, yn rhybudd bod terfysg ar y gorwel. Gan fod yr hen wraig yn cynrychioli Iwerddon, mae perthynas rhyngddi a thymhorau'r ynys ac mae'n tynnu gobaith a sicrwydd o gylchdro byd natur. Er bod iddi ddiwyg moel a chrebachlyd weithiau, hi yw'r gwanwyn a'r dadeni yn ogystal. 'There's an

W. B. Yeats

old woman coming down the
road,'[5] yw hi ar ddechrau drama Yeats. Mae ei phresenoldeb
yno drwy gydol y ddrama a phan ddaw at dyddyn arbennig,
mae'n cynhesu'i dwylo wrth y tân gan nodi: 'There's a hard
wind outside.'[6] Mae'n adrodd hanes ei chrwydradau ('there
are few have travelled so far as myself') ac mae'n sôn am yr
hyn sy'n ei blino ('My land that was taken from me'). Mae

[4] Project Gutenberg Self-Publishing Press: *sef.gutenberg.org*
[5] W. B. Yeats, *Selected Plays*, Macmillan, 1964, t. 245
[6] W. B. Yeats, *Selected Plays*, t. 250

wedi colli'i phedwar cae glas – a byddai'r gynulleidfa ar unwaith yn ymwybodol o bedair talaith Iwerddon. Mae'n galaru dros ddynion sydd wedi colli'u bywydau drosti a phan gaiff gynnig cardod, mae'n gwrthod bwyd a diod. Yr hyn mae hi ei angen, meddai, ydi cymorth i gael ei thir yn ôl – dyna'i gobaith. Mae ar ei ffordd, meddai, i gyfarfod y rhai sydd y dydd hwnnw'n ymgasglu i fod yn gefn iddi. Bydd y rheiny'n dioddef drosti, meddai, ond bydd eu henwau'n byw am byth.

Mae'r ddrama wedi'i lleoli yn Killala, Mayo ac yn gorffen gyda llongau'r Ffrancwyr yn cyrraedd y glannau yn 1798 a'r bechgyn yn tyrru i rengoedd y gwrthryfelwyr. 'Did you see an old woman going down the path?' ydi cwestiwn un o'r cymeriadau ar ddiwedd y ddrama a chaiff yr ateb, sy'n llawn o'r gwanwyn a'r dadeni: 'I did not; but I saw a young girl, and she had the walk of a queen.'[7] Brenhines oedd Kathleen yn wreiddiol, ond oherwydd argyfwng y genedl, mae'n troi ymysg y werin. Mae'n nes at y bobl gyffredin ac yn cyffwrdd rhai all wneud gwahaniaeth i gyflwr y wlad drwy weithredu.

Arweiniodd methiant Gwrthryfel 1798 at ddiddymu senedd Iwerddon a Deddf Uno 1800. Pan berfformiwyd y ddrama gerbron cynulleidfa Wyddelig, roedd yn creu teimladau cryfion yn erbyn coloneiddio eu gwlad, ac mae llinellau yn y ddrama yn awgrymu bod terfysg arall ar droed (ac roedd honno'n broffwydoliaeth wir, wrth gwrs – ffurfiwyd yr Irish Volunteers yn 1913 a bu gwrthryfel yn Nulyn, Gwrthryfel y Pasg, 1916). Mae'r hen wraig yn galw am yr aberth eithaf yn y ddrama, a phendronodd Yeats mewn cerdd ar ôl Gwrthryfel y Pasg: 'Did that play of mine send out / Certain men the English shot?'[8]

Bardd cyfoes yn Iwerddon sy'n aml yn plethu llinynnau

o'r traddodiad Gwyddelig yw Nuala Ní Dhomhnaill. Mewn un gerdd, mae bedd ei hen nain yn cael ei agor er mwyn i'r hen wraig godi ar ei heistedd yn ei harch i gyfarwyddo'i theulu sut i gofio amdani yn flynyddol (*Oscailt an Tuama* – 'Safn y Bedd'). Clywed corff yr hen wraig sydd i gyfri am y ffaith ei bod yn dewis cyfansoddi'i cherddi yn yr Wyddeleg, medd y bardd.[9]

Gwanwyn newydd

Daw hyn â ni yn ôl at faled Dafydd Iwan, a hyd yn oed yn y gaeaf sy'n dilyn canlyniad refferendwm 1979, mae'r hen wraig druan yn canfod llygedyn o obaith:

> Edrychai i'r fflamau a chofio am ddyddiau
> Pan oedd hi yn ieuanc ei bryd,
> Ac yna dywedodd, a chrac yn ei llais,
> Fod ei gobaith yn aros o hyd.

Yn y pennill olaf, cawn ein hatgoffa o'r gwanwyn newydd unwaith eto: 'yn sydyn newidiodd ei phryd.' Daw'r gweddnewidiad wrth iddi rag-weld ei dilynwyr ifanc yn llenwi'r rhengoedd unwaith eto:

drychai i'r fflamau a chofio am ddyddiau

---

[7] W. B. Yeats, *Selected Plays*, t. 256

[8] 'The Man and the Echo', 1938, *Last Poems and Two Plays*, Cuala Press, 1939, tt. 27–9

[9] Nuala Ní Dhomhnaill, *Cead Aighnis*, An Sagart, 1998, t. 41

Mae'n disgwyl i'w meibion a'i merched
I godi eu pennau yn uchel 'mysg gwledydd y byd.
Mae'n disgwyl i'w meibion a'i merched
Ar ryddid i roddi eu bryd.
Mae'n disgwyl gweld dymchwel holl gaerau a thyrau
A thraha'r gormeswyr talog i'r llawr.
Mae'n disgwyl gweld cenedl newydd
Yn cerdded yng ngolau y wawr.
Mae'n disgwyl, mae'n disgwyl o hyd.

Dyma thema a groesodd Fôr Iwerddon ac a gafodd ei
chydio wrth stori ac englynion Heledd y traddodiad Cymreig
mewn nifer o gerddi a chaneuon yn chwarter olaf yr ugeinfed
ganrif. Mewn cyfres o gerddi caeth dan y teitl 'Gorthrwm',
enillodd Peredur Lynch gadair yr Eisteddfod Ryng-golegol yn
1982 gan ddefnyddio llinellau a delweddau o Ganu Heledd i
ddal drych at Gymru'r wythdegau. Mae cymeriad Heledd yn
ymddangos yn y gerdd gyntaf, cymeriad chwedlonol sy'n
dwyn gofidiau pob oes ynghyd yn ei gofid personol ei hun:

bu hithau am oesau maith
yn naddu â llais eiddil
fin nos ar feddfaen ei hil ...

Mae Heledd yma eilwaith,
mae merch y gofidiau maith
yn dal i siarad o hyd;
i lefain drwy'r glaw hefyd.[10]

[10] Teipysgrif o'r cerddi 'Gorthrwm', Peredur Lynch, copi drwy law'r bardd.
[11] Ieuan Wyn, *Llanw a Thrai*, Gwasg Gwalia,1989, t. 23

Mae thema'r hen wraig a'i gofid a'i dialedd ar ei hamlycaf, fwyaf cignoeth yn englyn Ieuan Wyn i'r 'Tŷ Haf':

Dialedd Heledd yw hyn, – hen ofid
Yr amddifad grwydryn
Yn tywys y pentewyn
Liw nos i Gynddylan Wyn.[11]

Cyfansoddwyd yr englyn yn ystod ymgyrch Meibion Glyndŵr fu'n llosgi tai haf yng nghefn gwlad Cymru yn yr 1980au. Ar ôl pob ymosodiad, roedd gwleidyddion y dydd yn ciwio i ddod ar y cyfryngau i 'gondemnio'r' weithred yn hallt a galw ar yr heddlu i ddal y troseddwyr yn fuan. Prin iawn y byddai unrhyw wleidydd yn tynnu sylw at y ffaith mai imperialaeth economaidd oedd yn caniatáu bod tai a thir yn mynd o gyrraedd pocedi'r brodorion ac i ddwylo rhai o ardaloedd mwy llewyrchus.

Llais gwahanol iawn sydd yn yr englyn. Llais ydyw sy'n dangos bod ystyr ac arwyddocâd hanesyddol i'r weithred o losgi ac ar yr un pryd – drwy ddod â chymeriadau'r hen ganu i'r englyn – llais sy'n dangos bod y genedl wedi dioddef canrifoedd o fethu â'i hamddiffyn ei hun rhag colli'i thir, colli'i phentrefi a cholli iaith. Mae'r 'hen wraig grwydrol druan' yma; mae dialedd yn wyneb yr holl golledion yma ac mae gobaith herfeiddiol yma bod y weithred yn dangos bod yng Nghymru rai o hyd nad ydynt am ildio i weld eu gwlad yn cael ei dwyn oddi arnynt. Mae ysbryd Heledd, fe sylwn, wedi cerdded a chrwydro drwy'r canrifoedd, ac mae'n dod â'r 'pentewyn' – sef y ffagl dân ar gyfer y llosgi – dros ac er mwyn Cynddylan Wyn, i ddial y cam a wnaed yn y Dref Wen.

9 Englynion o'r hen ganiad

Yng ngornestau cynnar Talwrn y Beirdd ar y radio yn 1979, Gerallt Lloyd Owen oedd yn meurynna (sef gosod a beirniadu'r tasgau) ac roedd y cynhyrchydd Gwyn Williams o'r BBC yn cyflwyno. Byddai Gerallt yn tynnu coes Gwyn yn aml nad oedd yn gwybod llawer am farddoniaeth. 'A rŵan dyma ni'n dod at yr englyn,' cyhoeddodd Gwyn Williams un tro wrth recordio'r rhaglen. 'Am be' dach chi'n gofyn y tro yma, Gerallt?' 'O!' atebodd Gerallt â'i dafod yn ei foch. 'Gawn ni englyn pedair llinell yr wythnos yma, ie?' 'Dyna ni 'ta,' meddai'r cyflwynydd heb droi blewyn a heb ddeall yr ergyd chwaith, 'englyn pedair llinell amdani.'

Wrth sôn am 'englyn', yn arbennig englyn unigol, rydan ni'n meddwl am un ar batrwm 'Y Ci Defaid' neu 'Gorwel', wrth gwrs (englyn unodl union yw'r enw llawn). Ond mae nifer o fathau eraill o englynion: englyn cyrch, englyn pendrwm, englyn cil-dwrn, englyn toddaid, englyn unodl crwca. Y mae dau fath arall o englyn sy'n cael eu hadnabod weithiau fel 'englynion o'r hen ganiad' – a'r 'hen ganiad' yn yr achos hwn yn cyfeirio'n bennaf at Ganu Llywarch Hen a Chanu Heledd. (Mae astudiaeth lawn o englynion y Canu Cynnar yng nghyfrol Gwyn Thomas ond dyma'r ddau fesur mwyaf cyfarwydd inni heddiw. [1])

Mae'n bosib mai John Morris-Jones a fathodd y term 'Englynion o'r Hen Ganiad' – mae'n nodi fod yr hen englyn byr 'wedi mynd o'r ffasiwn yn llwyr yng nghyfnod y Gogynfeirdd'.[2] Nid oedd wedi canfod un enghraifft yng ngwaith y beirdd llys swyddogol a thybiai fod yr englyn tair llinell wedi mynd yn un o fesurau'r glêr, sef y beirdd cyffredin, is eu statws.

Englyn penfyr

Englyn unodl union heb y llinell olaf yw englyn penfyr. Mae'r ddwy linell gyntaf (yr enw ar y patrwm hwn yw 'toddaid byr') yn ddecsill a chwe sillaf, yna ychwanegir llinell seithsill yn gorffen yn acennog neu'n ddiacen. Mae diwedd yr ail a'r drydedd linell yn odli â'r sillaf cyn y 'gwant' yn y llinell gyntaf (y toriad ar ôl y seithfed i'r nawfed sillaf yw'r 'gwant'). Gan ein bod mor gyfarwydd â chlywed englynion pedair llinell, mae englyn penfyr yn swnio braidd yn swta, fel pe bai'n gorffen yn rhy gynnar. Ond gall hynny fod yn fanteisiol iawn os yw'r bardd eisiau rhoi teimlad o chwithdod neu gynildeb yn ei linellau. Mae'n ddefnyddiol hefyd i ofyn cwestiwn a rhoi ateb. Ar ddiwedd ei awdl 'Cwm Carnedd' (1957) mae gan Gwilym R. Tilsley gyfres o englynion penfyr lle mae'r bardd yn holi hen chwarelwr. Cawn y cwestiwn yn y toddaid, yna'r ateb gan y chwarelwr yn y llinell olaf. Dyma 'uchafbwynt y cyfan' yn ôl un o feirniaid y flwyddyn honno:[3]

> Ple mae Isac a Siaci – a hogiau
> Tan-y-graig a'r Gelli?
> 'Yn y fynwent dan feini'.

[1] Gwyn Thomas, *Hen Englynion*, Cyhoeddiadau Barddas, 2015, tt. 19–21

[2] John Morris-Jones, *Cerdd Dafod*, Gwasg Prifysgol Rhydychen, 1925, t. 319

[3] Beirniadaeth Thomas Parry ar yr awdl, *Cyfansoddiadau a Beirniadaethau Eisteddfod Genedlaethol Cymru Sir Fôn*, 1957, Llys yr Eisteddfod, t. 4

Englyn milwr

Tair llinell sydd mewn englyn milwr hefyd, sef yr ail fath o
'englyn o'r hen ganiad'. Tair llinell seithsill yn odli yw patrwm
y mesur, a gall y llinellau ddiweddu'n acennog neu'n ddiacen.
Fel yr englyn penfyr, mesur i'w ddefnyddio mewn cyfres yw
hwn fel rheol. Mae gan Dic Jones gyfres o bump ohonynt yn
agos at ddiwedd ei awdl 'Gwanwyn', pan mae'n disgrifio
gwasanaeth y Pasg sy'n dathlu'r bywyd newydd:

> Clywch y Pasg a'i dlychau pêr
> Yn dwyn nodau hen hyder
> Hollti'r byllt o hir bellter.[4]

Mesurau 'rhy syml'

Mae tair cynghanedd mewn englyn penfyr ac englyn milwr
ond nid oedd y ddau'n cael eu cyfri'n fesurau digon cymhleth
i'w cynnwys mewn awdlau yn niwedd yr Oesoedd Canol. Er eu
bod yn rhan o'r pedwar mesur ar hugain caeth yn nosbarthiad
cerdd dafod Einion Offeiriad, cawsant eu hepgor o'r pedwar
mesur ar hugain a benodwyd gan Ddafydd ab Edmwnd (1451).
Maent â'u gwreiddiau yn yr Hengerdd, ac nid oedd cynghanedd

[4] *Cyfansoddiadau a Beirniadaethau Eisteddfod Genedlaethol Cymru
Aberteifi a'r Cylch*, 1976, Llys yr Eisteddfod, t. 25

[5] *Cyfansoddiadau a Beirniadaethau Eisteddfod Genedlaethol Cymru
Llandudno a'r Cylch*, 1963, Llys yr Eisteddfod, tt. 97–9

[6] Daw'r testun gwreiddiol o *Canu Llywarch Hen*, gol. Ifor Williams,
Gwasg Prifysgol Cymru, 1935, t. 49. Diweddarwyd yr orgraff.
Diweddariad gan Gwyn Thomas, *Hen Englynion*, t. 50

gyflawn, yn ôl ein hegwyddorion ni, ynddynt bryd hynny. Mae arddull y Canu Cynnar yn uniongyrchol a diseremoni hefyd – natur gorgymhlethu a defnyddio ffurfiau cymhleth a hynafol oedd y drefn mewn oes ddiweddarach.

Bu ansicrwydd mewn rhai cyfnodau a oeddent i'w hystyried yn 'fesurau cerdd dafod' ai peidio. Defnyddiodd T. Gwynn Jones ychydig enghreifftiau yn 'Ymadawiad Arthur' (1902) a William Morris yn awdl 'Ogof Arthur' (1934). Mae'n bosib mai camp Gwilym R. Tilsley (1957) a droes y fantol o'u plaid. Yn y Genedlaethol yn Llandudno (1963), roedd Tilsley yn beirniadu cystadleuaeth arbennig 'Cyfres o ddeuddeg o englynion o'r Hen Ganiad'.[5] Mae'n esbonio nad mesurau syml, ffwrdd-â-hi ydynt – er nad ydynt yn astrus 'mae iddynt ffurf y dylid ei pharchu' ac mae'n dangos sut y gellir eu defnyddio'n ddyfeisgar.

Mae'r enw 'englyn milwr' yn awgrymu beddargraff. Dyna'n union a geir yn yr englynion sy'n cael eu hadnabod fel 'Englynion y Beddau' – beddargraffiadau llafar ydynt, yn cofnodi lle mae arwyr y gorffennol wedi'u claddu. Mae elfen o gwestiwn ac ateb yn amlwg yn y mesurau tair llinell hyn o'r cofnodion cynharaf:

> Piau y bedd da ei gystlwn,
> [Pwy biau y bedd da ei deulu,]
> A wnâi ar Loegyr lu cyngrwn?
> [A ddygai ar Loegyr gryno lu?]
> Bedd Gwên ab Llywarch Hen hwn.
> [Bedd Gwên ap Llywarch Hen ydyw hwn.][6]

Gan eu bod yn fyr ac yn cynnig llinellau bachog, mae'r mesurau hyn yn addas iawn ar gyfer ymson neu ymddiddan hefyd:

Y corn a'th roddes di Urien, (8)
[Y corn a roes Urien iti,]
A'i arwest aur am ei ên – (7)
[A'i linyn aur am ei ên,]
Chwyth ynddaw, o'th daw angen. (7)
[Chwytha di ynddo os daw arnat angen.]

Gan mai acenion, nid cyfri sillafau, sydd bwysicaf
mewn mydryddiaeth, nid yw rhif y sillafau yn y llinellau
yn hollol reolaidd, ond gan amlaf mae'r odl a'r acennu
yn scfydlog. Nid yw'r gynghanedd wedi datblygu ynddynt
chwaith, ond gwelir bod prif acen ('gorffwysfa') yng nghanol
pob llinell a bod honno yn yr ail linell yn ateb y brif acen
ar ddiwedd y llinell (y 'brifodl'): aur / ên. Dyna hanfod
mydryddiaeth y gynghanedd a ddatblygodd yn y Gymraeg
yn ddiweddarach. Mae odl fewnol i'w gweld yn y llinell olaf
(ynddaw / daw) ac o odlau mewnol fel hyn y datblygodd y
gynghanedd Sain.

Pedwar meib ar hugain yng nghenfaint Llywarch (11)
[Pedwar mab ar hugain yn nheulu Llywarch]
O wŷr glew galwythaint: (6)
[O wŷr glew, rhai ffyrnig mewn brwydyr:]
Tw[y]ll yw dyfod clod tramaint. (7)
[Twyll ydyw dyfod gormod o glod.]

Mae llinellau'r enghraifft hon yn odli fel englyn penfyr
(cenfaint / galwythaint / tramaint) ond gwelir bod sillaf
ychwanegol yn y llinell gyntaf. Mae cyfatebiaeth gynganeddol
gyflawn y tro hwn rhwng y sillafau ar ôl yr odl (y 'gair cyrch')
yn y llinell gyntaf a'r orffwysfa yn yr ail linell: Lywarch / glew.
Mae odl fewnol eto yn y llinell olaf.

Stafell Gynddylan, a'm gwân ei gweled, (10)
[Stafell Gynddylan, mae'n fy ngwanu i'w gweled]
Heb dö-ed, heb dân. (5)
[Heb do [a] heb dân:]
Marw fy nglyw; byw fy hunan. (7)
[Fy arglwydd yn farw, minnau'n fyw fy hunan.]

Unsill oedd 'marw' mewn Cymraeg cynharach, felly mae
patrwm sillafau'r englyn hwn yn cyfateb i un y mesur a
ddefnyddiwn heddiw ond mai pum sillaf sydd yn yr ail linell.
Mae odl gyrch rhwng y gair cyrch a'r orffwysfa yn yr ail linell
(gwelet / döet) ac odl fewnol yn y llinell olaf (glyw / byw).
Clywir cyfatebiaeth gytseiniol rhwng **G**ynddylan / **g**wân a
döed/**d**ân. Odlau mewnol, odlau cyrch, cyfateb cytseiniaid
– mae'r rhain i gyd yn egwyddorion cadarn a arweiniodd at
egwyddorion y gynghanedd mewn barddoniaeth Gymraeg.

Cynddylan Powys, borffor wychydd, (9)
[Cynddylan Powys, gwych yn dy borffor,]
Cell esbyd, bywyd iôr, (6)
[Cell i ymwelwyr, un yn byw fel arglwydd.]
Cenau Cyndrwyn cwynidor. (7)
[Cenau Cyndrwyn, galerir amdano.][7]

Yn ogystal â'r nodweddion rydym eisoes wedi sylwi arnynt,
mae'n werth sylwi bod pob llinell yn yr englyn hwn yn dechrau
â'r un gytsain. 'Cymeriad' yw'r enw ar hyn. Rydym wedi sylwi
ar gyfatebiaeth arall hefyd, sef dechrau nifer o englynion dilynol
â'r un 'cymeriad ymadrodd' megis 'Stafell Gynddylan'.

[7] Daw'r testun gwreiddiol o *Canu Llywarch Hen*, gol. Ifor Williams,
t. 2, t. 5, t. 36, t. 34. Diweddarwyd yr orgraff. Diweddariad gan
Gwyn Thomas, *Hen Englynion*, t. 115, t. 117, t. 142, t. 144

Yn ôl mewn bri

Er bod awdl 'Gwanwyn', Dic Jones, yn chwaer-awdl i awdl 'Cynhaeaf', a gyfansoddwyd yn 1966, mae'n ddiddorol sylwi bod cyfres o englynion milwr yn awdl 1976, ond nad yw'r mesur yn cael ei ddefnyddio yn yr awdl gynharaf. Cyhoeddwyd *Yr Aelwyd Hon*,[8] sy'n cynnwys diweddariadau o'r canu englynol cynnar, yn 1970. Mae'n ymddangos bod mesurau englynion o'r Hen Ganiad wedi cael adferiad o ran poblogrwydd ar ôl hynny.

Wrth edrych ar yr amrywiaeth o fesurau sy'n cael eu defnyddio yng nghystadleuaeth y gadair dros y chwarter canrif diwethaf, mae englynion milwr a phenfyr yn cael eu defnyddio'n gyson. Ar fesur englyn milwr y canodd Gerallt i'r lleuad fel penglog yn nechreuad awdl 'Cilmeri' yn 1982. Mae Emyr Lewis yn agor awdl 'Gwawr' gyda chyfres o englynion milwr ac yn eu defnyddio'n gyson yn awdlau 'Storm' a 'Chwyldro'.[9] Maent yn agor 'Gwaddol' (1997) gan Ceri Wyn Jones a down yn ôl at y mesur sawl gwaith eto yn yr awdl honno, yn arbennig i gyfleu chwithdod cynnil neu ddrama. Ceir adlais o'r englynion 'Pwy biau' yn un o'i gerddi a gipiodd y goron yn 2009 a defnyddir yr englynion milwr a phenfyr ganddo eto yn 'Lloches' (2014). Mae dwy o gerddi dilyniant 'Clawdd Terfyn' (2011) Rhys Iorwerth hefyd ar fesur englyn milwr. Roedd Iwan Llwyd a Twm Morys yn cynnwys englynion tair llinell yn gyson yn eu cyfrolau yn ogystal.

Wedi canrifoedd tawel, mae'n ymddangos bod 'englynion o'r hen ganiad' wedi profi adfywiad mewn barddoniaeth gaeth gyfoes yn ystod yr hanner canrif diwethaf.

Clywch y Pasg a'r clychau pêr
Yn dwyn nodau hen hyder
Hollti'r byllt o hir bellter.

Gwelwch eurlliw gylch hirllaes
Merthyri Mawrth ar y maes,
Yn eilfyw o'r rhyfelfaes.

Melys gymanfa'r moliant,
Anthemau o leisiau plant
Yn eu gwyn a'u gogoniant.

Yng nghanol eu gorfoledd
A hosana'u perseinedd
Am edfryd Bywyd o'r bedd.

Mae salm iasol i'w miwsig
Am ddeffro o gyffro gwig
Gwsg yr Had cysegredig.[10]

Dic Jones

[8] Gwyn Thomas (gol.), *Yr Aelwyd Hon*, Llyfrau'r Dryw, 1970
[9] Emyr Lewis, *Chwarae Mig,* Cyhoeddiadau Barddas, 1995, tt. 63–5, 70–5
[10] Dic Jones, 'Gwanwyn' (detholiad), *Cyfansoddiadau a Beirniadaethau Eisteddfod Genedlaethol Aberteifi a'r Cylch* 1976, Llys yr Eisteddfod, t. 25

10 Wrth feddwl am fy Nghymru

Codi cwestiwn wnaeth Idris Reynolds yn awdl 'Y Daith':

> A ddaw tad i gau'r adwy?
> A oes mab ym Morlas mwy?[1]

Yn yr hen ganu, mae Idris Reynolds yn canfod dyhead i gadw ein 'darn o dir'.[2] Gosod her wnaeth Saunders Lewis wrth beintio darlun du o dynged y Gymraeg erbyn diwedd yr ugeinfed ganrif: 'nid marwnad i'r iaith, ond galwad i gad, i frwydrau politicaidd o'i phlaid.'[3]

Canodd rhai beirdd am y gwae a welent ar gerdded. Edrychodd eraill ar rychwant ehangach a gweld ein hanes

[1] Idris Reynolds, 'Y Daith', *Cyfansoddiadau a Beirniadaethau Eisteddfod Genedlaethol Dyffryn Conwy a'r Cyffiniau*, Llys yr Eisteddfod, 1989, t. 20

[2] Gerallt Lloyd Owen, 'Etifeddiaeth', *Cerddi'r Cywilydd*, Cyhoeddiadau Tir Iarll, 1972, t. 11

[3] Saunders Lewis, 'Tynged Darlith', *Barn*, Rhif 5, Mawrth 1965, t. 143

yn gyfresi o lanw a thrai. Wrth wynebu'r dibyn o'n blaenau,
mae canu'r felan – canu'r blŵs – yn adwaith greddfol, naturiol.
Ond wedi dilyn rhythmau isel, tywyll a dwfn y blŵs, bydd
y sacsoffonydd yn canfod nodau uwch a bydd ei fysedd yn
dechrau dawnsio fel pilipalod. Yn Nhachwedd, mae rhai'n
gweld y dail yn disgyn; mae eraill yn sylwi bod blagur y
gwanwyn nesaf ar y brigau yn barod.

Pob Tryweryn

Mae corff sylweddol o ganu i Dryweryn yn y Gymraeg.
Aeth yr enw i olygu pob colli tir a phob bygythiad o 'Dryweryn
arall'. Ond wrth wynebu'r golled honno'n gyson, caledodd
yr ymgyrchoedd i sicrhau na châi'r hanes ei ailadrodd. Trodd
y canu am y colli yn ymdeithgan i frwydro am ddyfodol.
Gyda threigl blynyddoedd o ymgyrchu dros Gymru newydd,

addasodd Dafydd Iwan ei gytgan 'Wrth feddwl am fy Nghymru / Daw gwayw i 'nghalon i' gan ganu 'Daw llawenydd i 'nghalon i'.[4]

Peintiodd yr arlunydd Claudia Williams gasgliad o luniau sy'n seiliedig ar deuluoedd yn gadael Capel Celyn a dywedir yn y cyflwyniad i'w chyfrol:

> Yn naturiol, codwyd dadleuon gwleidyddol hefyd, yn gwrthwynebu'n chwyrn allu dinas drahaus yn Lloegr i ddwyn rhan o Gymru at ei dibenion ei hun, gan erlid y trigolion allan o'u cartrefi, a hyn oll – cyn dyddiau datganoli – gyda sêl bendith llywodraeth San Steffan. Er bod 1,055 o gyrff cyhoeddus yng Nghymru wedi gwrthwynebu, gan gynnwys 125 awdurdod lleol, ac er i holl Aelodau Seneddol Cymru namyn un bleidleisio yn erbyn y mesur seneddol, cafodd Lerpwl rwydd hynt i ddechrau'r cynllun. Erbyn 1965 roedd yr argae yn barod, chwalwyd teuluoedd i'r pedwar gwynt a diflannodd y tai, y ffermydd, yr ysgol, swyddfa'r post, y capel a'r fynwent dan ddyfroedd oer y llyn newydd, Llyn Celyn.
>
> Roedd maint eithriadol y digofaint a'r chwerwder a enynnodd argyfwng Tryweryn drwy Gymru ben baladr yn ddealladwy, o gofio mai hwn oedd y diweddaraf mewn cyfres o achosion dadleuol. Yn ystod Rhyfel y Degwm yn y 1880au, cafodd llawer o ddenantiaid Anghydffurfiol gogledd Cymru eu troi o'u cartrefi a'u tiroedd gan eu landlordiaid oherwydd iddynt wrthod talu trethi i'r Eglwys Anglicanaidd. Yn ystod yr un cyfnod meddiannwyd tir yn nyffryn Efyrnwy ym Maldwyn ac yng nghymoedd Elan a Chlaerwen ym Maesyfed er mwyn creu cronfeydd dŵr i gyflenwi anghenion dinasoedd mawr yn Lloegr. Yn ddiweddarach, cymerwyd tir at ddibenion milwrol mewn dwy ardal a gyfranasai'n hael i draddodiad llenyddol y genedl. Yn y 1950au roedd yr atgofion yn fyw am achos enwog fferm Penyberth ym Mhen Llŷn, lle llosgodd Saunders Lewis, Lewis Valentine a D. J. Williams yr ysgol fomio

a sefydlwyd yno yn 1936. Dair blynedd yn ddiweddarach, yn 1939, chwalwyd cymdogaeth ardal fynyddig Epynt er mwyn creu maes tanio i'r fyddin, a thrwy ddiddymu'r gymuned Gymraeg honno gwthiwyd ffin yr iaith ym Mrycheiniog dros ddeng milltir i'r gorllewin. Pan gafodd cymuned Tryweryn ei bygwth, felly, agorwyd hen greithiau poenus a bu'r ymateb, yn naturiol, yn chwyrn.[5]

Dod i ddeall hanes Cymru yw sylweddoli bod yr un elfennau'n ymddangos dro ar ôl tro ar hyd y canrifoedd. Yn un o gerddi 'Gorthrwm', mae Peredur Lynch yn cyfosod yr hyn a ddigwyddodd i'r Dref Wen tua 650 a boddi Cwm Celyn yn 1965:

> Y dre dawel bydredig, y dre wag,
> Y dref ddiflanedig,
> Y dref ddiolau, ddi-drig,
> Y dref wen, y dref unig.[6]

Gan wisgo creithiau'r colli y gwelwyd ymgyrchoedd i gryfhau teyrnas Powys o dan Elise ap Gwylog yn 757 a Chyngen ap Cadell yn 825. Roedd Cadell yn daid i Rhodri Mawr a welodd adfer grym y taleithiau Cymreig yn y ddegfed ganrif. Dyma drothwy cyfnod o ddadeni gwleidyddol a diwylliannol.

---

[4] Cytgan lwyfan y pennill olaf gan Dafydd Iwan a ychwanegwyd at y gân wreiddiol

[5] Ceridwen Lloyd-Morgan, 'Rhagymadrodd', *Tryweryn: Claudia Williams*, Y Lolfa, 2014, tt. 19–20

[6] Teipysgrif o'r cerddi 'Gorthrwm', Peredur Lynch, copi drwy law'r bardd

Canlyniad uniongyrchol i ddarlith 'Tynged yr Iaith' a hanes Tryweryn oedd sefydlu Cymdeithas yr Iaith Gymraeg a'r hanner canrif o ymgyrchu penderfynol dros statws cyfartal ac yna statws swyddogol i'r iaith. Ni fu'n daith hawdd; bu sawl siom a dadrithiad, ond o rywle daeth ewyllys i barhau.

Rhaid inni fyw

Bu Canu Llywarch Hen a Chanu Heledd yn rhan o'r ysbrydoliaeth a roddodd nerth i'r cyfnod. Fel y gwelwyd, gwelir cyfeiriadau cyson at y cymeriadau a'r englynion yng ngherddi buddugol yr Eisteddfod Genedlaethol. Yn dilyn y ddrama gerdd 'Heledd' yn 1975, cyflwynodd Cwmni Theatr Maldwyn y sioe gerdd 'Heledd' dan arweiniad Linda Gittins, Derec Williams a Penri Roberts yn 1993. Wedi wynebu'r 'Lladdfa. Llosgi' ar ddechrau'r sioe, 'Rhaid inni fyw' oedd yr uchafbwynt.

Cyflwynodd R. S. Thomas ddarlith wedi'i hysgogi gan un arall o gyfresi englynion yr Hengerdd yn Eisteddfod Aberteifi 1976. Yn y ddarlith 'Abercuawg', mae'n disgrifio ei ymchwil am y lle hwnnw lle mae cogau'n canu – ac os oes un arwydd o wanwyn yn y traddodiad Cymreig, cân y gog yw hwnnw. Daeth ar draws afon Cuawg a'r lle mae'n llifo i ddyfroedd Dyfi, ond nid oedd yr esboniad daearyddol academaidd yn ei fodloni: 'Llecyn braf eto. Nid oedd cogau i'w clywed, ond canodd adar eraill yno. Ond och! Lle 'roedd Abercuawg? Yr oedd hi yno heb fod yno. Yr oeddwn wedi cyrraedd ac eto heb gael hyd iddi.'[7] Mae Abercuawg, ymresyma yng nghorff y ddarlith, yn perthyn i'r broses 'o ddyfod i fod' ac yn debyg i'r 'foment pryd y bydd ychydig yn tyfu'n llawer'.[8] Mae fel gair sydd gan fardd yn ei feddwl ond y mae'n gorfod chwilio amdano er mwyn ei gael ar ei dafod. Nid yw lleoliad Abercuawg byth yn orffenedig na therfynol a rhaid ei ailadeiladu o hyd. Mae'n perthyn i'r ewyllys bod rhaid cael rhywbeth gwell na'r hyn a welwn o'n blaenau ar hyn o bryd. Mae'n chwilio 'mewn amser am rywbeth sydd uwchlaw amser, ac eto ar fedr bod bob amser' ac mae Jason Walford Davies yn gweld arwyddocâd arbennig yn y ffaith fod R. S. Thomas wedi troi at yr hen englynion, ymysg testunau eraill, yn ei ymgais i gyfleu'r weledigaeth hon.[9] Mae'r ysgolhaig yn gweld tebygrwydd rhwng elfen o'r hen ganu englynol – cerdd 'Claf Abercuawg' yn benodol – a chyflwr megis alltudiaeth Heledd, ond mai 'alltudiaeth fewnol' y mae ef yn ei gweld: 'Daw i gof haeriad Thomas yn ei anerchiad "Alltud": "y mae gormod o'n cyd-Gymry'n prysur greu sefyllfa lle bydd Cymro Cymraeg nid yn unig yn alltud, ond yn ysgymunbeth ... yn ei wlad ei hun".'[10]

Aildanio'r awydd i fyw a wneir gan Peredur Lynch yng nghaniad olaf ei gerddi 'Gorthrwm'. Er cymaint y colledion, hon yw'r awr i daro'n ôl a bod yn genedl drachefn, meddai. Mae'n ein harwain yn ôl i'r ddôl ac ymlaen at y rhyd:

[7] R. S. Thomas, *Abercuawg*, Llys yr Eisteddfod, 1976, t. 6

[8] R. S. Thomas, *Abercuawg*, t. 14

[9] Jason Walford Davies, *Gororau'r Iaith: R. S. Thomas a'r Traddodiad Llenyddol Cymraeg*, Cyfres y Meddwl a'r Dychymyg Cymreig, gol. John Rowlands, Gwasg Prifysgol Cymru, 2003, t. 218

[10] Jason Walford Davies, *Gororau'r Iaith: R. S. Thomas a'r Traddodiad Llenyddol Cymraeg*, t. 224

Daw rhyw ddwrn drwy grindir y ddôl; mi wn
    fod i'r maes gaeafol
  un Haf di-ildio ar ôl,
  un hedyn ymosodol.[11]

Y ffin

'Syllwch ar wlad Cynddylan,' meddai Heledd yr englynion
wrth ei morwynion. Mae Llys Pengwern yn wenfflam a bro
Tren yn ddiffaith. Aeth Gerallt Lloyd Owen i wastadeddau
swydd Amwythig cyn canu ei awdl 'Y Ffin' yn 1975.[12] Mae'n
gweld tir toreithiog, cymdeithas ffyniannus a phobl nad
ydynt yn gwybod yr hanes:

    Ar hyd erwau diorwel Amwythig
      'Does ond myth o awel,
     A thir mwyn y llaeth a'r mêl
     Yn ddiddigwydd o ddiogel.

O'r cymal cyntaf, mae'n cyfleu bod stori dan groen y ddaear
yn y fan hon. Fel arfer, lle i gyrchu ato ydi 'gwlad y llaeth a'r mêl';
nod ar derfyn y daith. Ond yma, fel y gwyddom, tir a gollwyd,
tir y cawsom ein troi ohono yw 'gwlad y llaeth a'r mêl'. Gwlad
doreithiog i bori gwartheg a chreu perllannau i'r gwenyn ydi
hi o'i chymharu â thir moelach bryniau Cymru ar y gorwel.

Mae gwastadeddau Amwythig dan gnydau ŷd ar ymweliad
y bardd â'r ffin. Haf yw hi. Mae teimlad diog a thawel i'r
prynhawn – 'y prynhawn prin o hanes'. Does dim yn digwydd
yno, dim newyddion i'w adrodd. Ond y mae'n stori ni yn
perthyn i'r lle, wrth gwrs, ac mae Gerallt wedyn yn holi am
yr hanes hwnnw:

Ai dyma'r ddaear oedd ddu,
A brain yn ei sborianu?

Llosgwyd neuadd tywysog Powys yma, bu brwydro ffyrnig
mewn bylchau ac yn y rhydau lle'r oedd byddinoedd y
Cymry'n ceisio gwarchod eu tir traddodiadol yn wyneb
ymosodiadau gan luoedd Mersia a Northumbria. Colli tir
wnaed yma yn y diwedd, ond ymdrechwyd i'r eithaf cyn
gorfod cilio. Yno mae 'un mab oer ymhob erw'.

Daw cymeriad Llywarch i'r awdl. Yn henwr brau, mae'n
cofio ei eiriau wrth Gwên, ei fab olaf. O'i bedwar mab ar hugain,
dim ond Gwên oedd wedi goroesi brwydrau yn erbyn y Saeson.
Geiriau ydi arfau Llywarch bellach, ac mae'n cyfaddef hynny
ei hun:

> Y grym ar faes geir mwy ar wefusau
> A mi'n gyhyrog bellach mewn geiriau,
> Byw ar adrodd eu brwydrau y mae'r hen,
> Ond tydi, Wên, yw f'ieuenctid innau.

Mae'n honni fod ganddo fel tad yr hawl i drosglwyddo ei
weledigaeth a'i uchelgais ar ysgwyddau'i fab. Mae'r gelyn
eto'n dod â'i faneri at ororau eu tiriogaeth ac mae'n annog,
yn gorchymyn hyd yn oed:

> Am hynny, dos, mae heno dy eisiau,
> Amddiffyn derfyn â min dy arfau;
> Yn adwyon y deau boed dy lid
> Yn gyrru gwrid drwy gerrig y rhydau!

---

[11] Teipysgrif o'r cerddi 'Gorthrwm', Peredur Lynch, copi drwy law'r bardd

[12] Buddugol yng nghystadleuaeth y gadair, Eisteddfod Powys,
Llanrhaeadr-ym-Mochnant, 1975. Nid yw'r awdl wedi'i chyhoeddi

Gerallt Lloyd Owen

'Yng ngorffennol gwâr ein cenedl rhoid
urddas ac uchel fri ar farddoni. Ym more
ein hanes swydd gyfrifol a dyrchafol oedd
swydd bardd. Ym mrwydrau ei bobl, roedd
i'r bardd ei dasg arbennig; nid ymladd â'r
cleddyf mo'i ran ef ond annog eraill i'r
gad. Brwydr seicolegol oedd ei frwydr. Ei
gyfraniad oedd codi ysbryd ei bobl ar awr
dywyll a phorthi eu hewyllys i barhau'.[13]

Ni wadodd Gwên ei deyrngarwch i'w dad na'i wlad a chollwyd yntau yn ei frwydr olaf. Mae'r bardd yn oedi ger y caeau gwenith er mwyn ei gofio:

> Bedd Gwên yn rhywle'n yr ŷd
> A drws aur dros ei weryd.

Symudwyd y ffin rai degau o filltiroedd i'r gorllewin ac yno o hyd, er eu bod bellach yn 'weddillion llegach', y mae 'gweddillion diollwng'. Mae Gerallt wedyn yn canu i'n cyflwr ni heddiw a'r angen inni eto ymwroli a dadeiddilo. Mewn cyfres o englynion penfyr, mae'n dychanu'r Cymry da sydd mor barod i werthu'u treftadaeth ac yn gorffen gyda hir-a-thoddeidiau mwy gobeithiol am y freuddwyd o lenwi bylchau 'carreg wrth garreg' a chyfanheddu'r adfeilion drachefn.

O ddarllen hunangofiant Gerallt Lloyd Owen, down i ddeall ei fod yn gredinol fod Llywarch Hen yn un o'i hynafiaid.[14] Fel bardd, mae'n ddisgynnydd i'r bardd a ganodd yr englynion am gymeriad Llywarch Hen yn ogystal. Roedd yn sicr yn derbyn yr olwg hon ar swyddogaeth y bardd Cymraeg. Wrth adolygu *Cerddi'r Cywilydd*, dyma ymateb un adolygydd: 'Y mae ei ddarllen yn codi "gwrid ein cywilydd" ni i'r wyneb ond y mae hefyd yn ysbarduno ein hyder yng ngogoniant ein cenedl a'n treftadaeth.'[15]

[13] Gwynn Jarvis, Rhagair, *Cerddi'r Cywilydd*, t. 9

[14] Gerallt Lloyd Owen, *Fy Nghawl Fy Hun*, Gwasg Gwynedd, 1999, tt. 21–2

[15] Adolygiad Ithel Davies, *Barn*, Awst 1972

Ailgodi'r to

Wrth droi'n ôl at ganeuon Tecwyn Ifan, gwelodd yntau'r Dref
Wen yn chwâl ei meini, ond gallodd ganu cytgan a fyddai'n cael
ei atseinio gan gynulleidfaoedd ledled Cymru am ddegawdau:

> Ond awn i ailadfer bro,
> Awn i ailgodi'r to,
> Ailoleuwn y tŷ,
> Pwy a saif gyda ni?[16]

Roedd geiriau Waldo Williams eisoes yn ddeniadol ac yn
ddefnyddiol i ymgyrchwyr iaith y 1960au. Defnyddiwyd
geiriau o'i gerddi mewn caneuon protest a chynhwysid
dyfyniadau ganddo mewn areithiau.[17] Yn y cytgan poblogaidd
hwn, plethodd Tecwyn Ifan wiail o awen Waldo i drwsio waliau
Stafell Gynddylan:

> Nyni, a wêl ei hurddas trwy niwl ei hadfyd,
> Codwn, yma, yr hen feini annistryw.[18]

Dyfyniad arall o eiddo Waldo sy'n gweddu yw'r llinellau o'r
gerdd 'Bydd Ateb' a ysbrydolwyd gan eiriau Hen ŵr Pencader
am barhad y genedl a'r Gymraeg.

Mae'r freuddwyd hon yn fyw yng nghaneuon Tecwyn,
yn arbennig felly yn y gân 'Pengwern Newydd' ar record
'Y Dref Wen':

> Mi glywaf leisiau
> 'N dod o'r bryniau llonydd,
> Lleisiau y wawr ...
> Dyma Bengwern newydd.

Waldo Williams

Bydd cynnal nerth a bydd canlyn Arthur,
Bydd hawlio'r tŷ, bydd ail alw'r towyr,
Bydd arddel treftâd yr adeiladwyr.[19]

[16] Tecwyn Ifan, *Y Dref Wen*, Sain C571
[17] Gweler 'Daw Dydd y Bydd Mawr y Rhai Bychain', Huw Jones,
'Y Meini Annistryw', Emyr Llywelyn
[18] Waldo Williams, 'Yr Heniaith', *Dail Pren*, Gwasg Gomer, 1956, t. 95
[19] Waldo Williams, 'Bydd Ateb', *Dail Pren*, t. 87

Nid 'edrych ar ochr olau'r broblem' yw cân o'r fath. Mae'n canu gobaith, ac mae gobaith ynddo'i hun yn weithred. Canodd Tecwyn Ifan ganeuon angerddol drachefn yn y casgliad *Goleuni yn yr Hwyr*[20] a gyhoeddwyd yn 1979, blwyddyn y refferendwm pan wrthodwyd gan Gymru y cyfle i gael rhywfaint o hunanlywodraeth. Dyma ymateb i'r caneuon hynny:

> Mewn blwyddyn o anobaith mae'r record hon yn ddatganiad cadarnhaol, yn dangos ffydd, gobaith a chariad, ac sydd yn orfoleddus o blaid bywyd a pharhad – y natur ddynol o'n cenedl – dim ond i ni adnabod a defnyddio y gwerthoedd gorau sy'n perthyn iddi.[21]

Yn yr un flwyddyn cododd Peredur Lynch, disgybl yn Ysgol y Berwyn ar y pryd, i dderbyn cadair Eisteddfod yr Urdd ym Maesteg. Mae diweddglo afieithus ei awdl yn cydio – fel y gwnaeth Tecwyn Ifan – yn yr hen thema hon, a'r cyfanwaith eto'n rhoi bywyd newydd i gylchoedd englynion yr Hengerdd:

> Dewch i weld natur yn ailgoluro
> Ar ôl y gwewyr o law y gwywo;
> Clywch yr adar yn taro – cynghanedd,
> Yn rhoi arabedd lle gynt bu'r rheibio.
>
> Naddwn yn y mynyddoedd – y gaer wen
> Er grym y drycinoedd,
> I ddiffeithle'r creigleoedd
> Rhown yn ôl yr hyn a oedd.
>
> Ail-hadu'r tir, ail-doi'r to, – ailolau
> Aelwyd a'i moethuso;
> Creu ar fryn ein caer o fro,
> Yn y dryswch aildrwsio.[22]

Mae geiriau Tecwyn Ifan ei hun yn ddadlennol wrth edrych yn ôl ar ymateb y gynulleidfa i'w ganeuon Heledd: 'Roedd y gynulleidfa yn uniaethu gyda rhywbeth o'r gorffennol oedd yn ymdebygu i beth oedd yn digwydd nawr.'[23] Gallasai hynny fod yn wir pan ganwyd y cerddi gwreiddiol yn y nawfed ganrif yn ogystal ag yn y diddordeb newydd ynddynt a brofwyd ar ddiwedd yr ugeinfed ganrif.

[20] Tecwyn Ifan, *Goleuni yn yr Hwyr*, Sain 1156M

[21] Denver Morgan, Adolygiad o *Goleuni yn yr Hwyr*, *Sgrech* Rhif 9, Nadolig 1979

[22] Peredur Lynch, 'Lleisiau', *Cyfansoddiadau Eisteddfod Genedlaethol yr Urdd Ogwr Maesteg*, Urdd Gobaith Cymru, 1979, t. 21

[23] Rhaglen *Gwreiddiau Roc – Y Tebot Piws*, S4C, Rhagfyr 2014

11 Y 'Marauding Welsh' a Morlas

Un o linach Powys oedd Gruffudd ap Llywelyn, yr unig frenin Cymreig y bu Cymru i gyd yn rhan o'i deyrnas. Ymestynnodd ei ffiniau tua'r dwyrain gan drechu byddinoedd y Saeson droeon ac ailfeddiannu tiroedd y tu hwnt i Glawdd Offa oedd wedi'u gwladychu ers tair canrif a mwy. Yn 1055, llosgodd Henffordd ac ailsefydlodd y Cymry ar rannau o'r tiroedd y credid eu bod wedi'u colli am byth. Daeth arglwyddi'r Mers â bygythiad newydd i'w canlyn yn ystod cyfnod y Normaniaid, ond gwelwyd gwrthsafiad rhyfeddol dan arweinwyr Cymreig. Cipiodd Cadwgan, tywysog Powys, gastell Trefaldwyn yn 1096 a gwarchod cymoedd dwyreiniol ei diriogaeth. Cipiodd Madog ap Maredudd arglwyddiaeth Croesoswallt a'i sefydlu'i hun yng nghastell y dref yn 1154. Enillodd Owain Gwynedd fuddugoliaethau yn erbyn byddinoedd enfawr Harri II a chan Lywelyn ap Iorwerth yr oedd y llaw uchaf yn nhir y Mers yn 1215, pan feddiannodd a llosgi tre'r Amwythig. Pan gododd Glyndŵr mewn gwrthryfel ar 16 Medi 1400, llosgodd gadwyn o drefi Seisnig yng ngogledd-ddwyrain Cymru ac erbyn diwedd yr wythnos roedd ei luoedd ar y bryniau yn edrych i lawr ar wastadeddau swydd Amwythig. Bu'n aeaf llwm, sawl tro; bu ambell wanwyn yn ogystal.

Gwarchod Lloegr rhag y Cymry

Yr hanesion hyn yw'r cof hanfodol sy'n cynnal myth y rhai sy'n adrodd hanes trefi Seisnig y ffin heddiw. Ar un o fyrddau treftadaeth dinas Caer, disgrifir y goel bod cysegrfan nawddsant

Buarth y 'beili'
o flaen Castell Amwythig
ac uwchben afon Hafren

y ddinas, Werbergh, yn yr abaty yn gwarchod y dinasyddion
'from the Welsh and other barbaric nations'! Bron yn ddieithriad,
mae sgriptwyr hanes English Heritage yn honni mai'r
Sacsoniaid a ddilynodd gyfnod y Rhufeiniaid gan warchod eu
tiroedd wedi hynny rhag y 'marauding Welsh'. Mewn cyfrol ar
hanes tref Amwythig, dyma ddod ar draws y dehongliad hwn:
'Shrewsbury was regularly attacked. The Welsh would steal into
the town, hold its merchants to ransom, rape their daughters,
collect a few souvenirs to take home and then, having shown
those English that they could take the town any time they
wished, they would depart ... until the next time.'[1]

Sefydlwyd castell Whittington gan y Normaniaid, medd
English Heritage, fel 'base for defence against the Welsh
throughout the 13th century'. Yr un rheswm oedd y tu ôl
i sefydlu castell Trefeglwys (Bishop's Castle): 'to ensure that
this area of south-west Shropshire was guarded from Welsh
border raids.'

Ar daith gwch bleser ar afon Hafren o'r Welsh Bridge i'r
English Bridge yn Amwythig, roedd y tywysydd yn go sicr o'i
ffeithiau hefyd. Roedd hen lys o dan eglwys St Chad, meddai:

[1] *Bloody British History: Shrewsbury*, History Press, 2013, t. 26

'Pengwern as the Romans called it.' Ac yna, 'the town's walls were built to keep the Welsh out, of course.' Nid oedd pobl yno, dim ond natur wyllt, cyn cyfnod y Saeson: 'when the Saxons arrived to establish Shrewsbury, they found two hills and a bow in the river.'

Roedd y wraig y tu ôl i'r cownter yn siop lyfrau'r castell yn Whittington yn cyfleu cymhlethdod y ffin i'r dim: 'They say that we became more Welsh when we were English than we were when we were Welsh'! Ond ochr arall y math hwn o ddehongli hanes, wrth gwrs, ydi bod datganiadau hiliol wedi'u hanelu at y Cymry a gwefannau casáu Cymry yn cael eu cyfri'n dderbyniol.[2]

Castell Whittington
Y 'dref wen' i'r Cymry
yn yr Oesoedd Canol

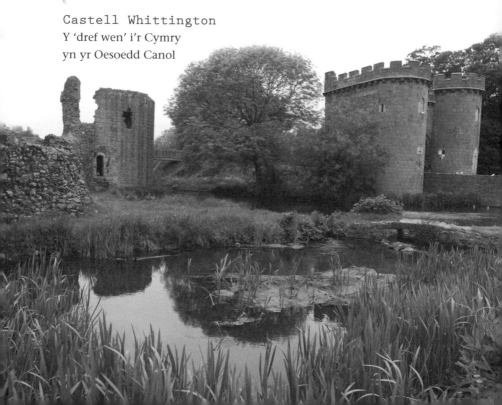

Ar Wicipedia, dyma a welwn dan 'History of Cheshire': 'After the Romans withdrew, Cheshire formed part of Mercia, an Anglo-Saxon kingdom, that saw invasions from the Welsh and Danes.' Wel, twt-twt y Welsh a'r Danes, yntê? Ond mae'n dangos mor gryf yw gafael myth o hyd ar ddehongliad pobl o'u hanes. Mythau yw sylfeini ein hofnau a'n hyder o hyd. Mae mythau wedi'u gwreiddio yn ddwfn yng nghof pobloedd ac mae cadw a bwydo'r cof hwnnw yn swyddogaeth bwysig. Dyna rôl English Heritage yn Lloegr. Dyna pam roedd rhaglenni ar ogoniant yr Ymerodraeth Brydeinig yn cael eu darlledu cyn Refferendwm Annibyniaeth yr Alban yn 2014 a dyna pam mae dewis pa ddigwyddiadau sy'n cael eu coffáu a'u dathlu bob degawd a chanrif yn weithgaredd pwysig i'r wladwriaeth.

Hen dir, hen droedle

Daw ein mythau ninnau o'r hen gof sydd gennym fel pobl. Yng nghyfnod y llwythau Celtaidd, y derwyddon a'r beirdd oedd yn cadw'r cof ac yn ei fwydo. Ychydig a wyddom am y derwyddon a'u dysg gan mai traddodiad llafar yn unig oedd ganddynt. Ond gwyddom eu bod yn derbyn blynyddoedd maith o hyfforddiant a bod y swydd yn swydd am oes. Eu gwaith oedd cofio hanes a chwedlau a barddoniaeth eu pobl. Dilynwyd y derwyddon yn y diwylliant Cymraeg gan y beirdd – derbynient hwythau addysg faith ac roedd cadw'r cyfan ar gof yn rhan allweddol o hynny. Ond erbyn oes y beirdd,

[2] Yn 2010, roedd gwefannau 'I Hate the Welsh Society' a fforymau 'I F.....g Hate Welsh People', 'For All those who Hate the Welsh'

roedd cofnodi a llawysgrifau mewn bri yn ogystal, a thra bo'r derwyddon yn ymwneud ag ochr ysbrydol eu pobl, byddai'r beirdd yn canolbwyntio ar achau, hanesion a nodweddion teuluol.

Yn yr un modd â phob gwlad arall, rydym ninnau'r Cymry yn defnyddio mythau i'n cynnal. Mae myth yn ddyfnach na rheswm, yn ffordd o ddeall heb orfod esbonio. Mae'n creu ymateb greddfol sy'n tarddu o nabod pwy ydym. Mae gweld enw'r Pengwern Boat Club yn Amwythig heddiw (sefydlwyd yn 1871) yn ein harwain at gyfnod arall a myth gwahanol. Roedd hwn yn dir i ni unwaith, meddwn wrth ein plant. Tir rydym ni wedi'i golli ydi hwn.

Mae geiriau Hen ŵr Pencader a gaiff eu dyfynnu ar ddiwedd taith Gerallt Gymro drwy Gymru yn y ddeuddegfed ganrif yn cynnwys ymwybyddiaeth o golli tir drwy dynged ddwyfol. Cadarnhaol yw neges yr Hen ŵr wyneb yn wyneb â'r brenin Harri II oedd ar gyrch drwy'r Deheubarth yn ceisio trechu'r tywysogion Cymreig a dod â'r wlad o dan ei fawd.

Ni fydd y Cymry na'r Gymraeg yn colli'u tir, yn ôl ei broffwydoliaeth, drwy drais dynion yn eu herbyn; dim ond os bydd Duw yn ewyllysio hynny y daw diwedd y genedl, meddai – gan awgrymu felly ei bod hi'n werth gwrthsefyll ymosodiadau gan ddynion. Gellir clywed adlais o dynged y cymeriadau Llywarch Hen a Heledd yng nghefndir y datganiad hwn.

Wynebu her

Mae diddordeb eithriadol yng Nghanu Llywarch Hen a Chanu Heledd o 1970 ymlaen. Caiff hyn ei fynegi'n greadigol yn ogystal drwy gyfeiriadaeth ac adleisiau mewn cerddi cyfoes a chaneuon mewn sioeau cerdd. Mae'n bosib olrhain dau ddylanwad cryf ar y diddordeb hwn – wynebu her *Tynged yr Iaith* drwy weithredu'n ymarferol ac effeithiol i adennill tir i'r Gymraeg, a hefyd y diweddariad o'r testunau yn *Yr Aelwyd Hon*. Drwy waith clir ond eto cyffrous golygiad a chyfieithiadau Gwyn Thomas, a rhai Bedwyr Lewis Jones a Derec Llwyd Morgan, daeth englynion yr hen ganu yn nes i gyrraedd y darllenwr cyfoes nad oedd wedi astudio Cymraeg Canol yn y brifysgol. Câi'r cerddi eu hastudio a'u trafod yn y chweched dosbarth ac roeddent yn apelio at ddychymyg cenhedlaeth newydd o Gymry. Daeth gwaith arloesol gwerthfawr Ifor Williams i gyrraedd ei gynulleidfa.

Pan fydd cenedl a'i thiriogaeth yn gadarn a diogel, meddai'r athronydd J. R. Jones,[3] mae ei pharhad yn rhywbeth a gymerir

---

[3] J. R. Jones, *Yr Ewyllys i Barhau*, anerchiad i Gymdeithas yr Iaith, Eisteddfod Genedlaethol y Barri, Gwasg Liw Phillips, 1968

yn ganiataol. Ond lle bo argyfwng, rhaid creu'r ewyllys i barhau. Yn ei ddarlith ar dynged y Gymraeg, roedd Saunders Lewis yn darlunio'i farwolaeth – nid i balmantu'r ffordd ar gyfer hynny, ond i ysbrydoli'r Cymry i beidio â derbyn hynny fel tynged anorfod. Daw'r nerth, meddai, o ddeall bod gennym y grym i newid pethau. Mae J. R. Jones yn dyfynnu'r athronydd o Ffrainc, Simone Weil: 'So effective, sometimes, against superior arms is the courage born of despair'.[4]

Wrth gyflwyno tynged wael, marwolaeth arwyr, anrhaith rhyfel, colli tir, gwendid, henaint ac unigedd, a yw themâu Cylch Llywarch Hen a Chylch Heledd yn ein hysbrydoli i ymgryfhau yn wyneb difancoll llwyr? Mae'n ymddangos bod hynny'n wir. Nid yw'r straeon, fel pob llenyddiaeth ddychmygus, wedi'u caethiwo i amser a lle; maent yn ffenest i'w cyfnod a'u cynulleidfa ond maent hefyd yn ddrych o heddiw a'n dyheadau a'n hofnau ninnau.

'Breuddwyd gyhoeddus ydi myth,' meddai Joseph Campbell, yr Americanwr a astudiodd y maes o safbwynt cymdeithaseg a seicoleg. Un o swyddogaethau mytholeg, meddai, oedd adlewyrchu'r patrwm gwleidyddol a'r drefn gymdeithasol a dehongli tarddiad y drefn honno, ac yn aml, dangos bod y drefn wedi dod i fodolaeth drwy ymyrraeth ddwyfol nad oedd o dan reolaeth ddynol.[5] Mae ei ddamcaniaethu'n awgrymu mai 'ffawd wael' oedd yn rheoli bywydau Llywarch Hen a Heledd pan gollwyd y tiroedd hynny ddau can mlynedd a mwy cyn cyfansoddi'r englynion sy'n portreadu'u hanes, ac mae hynny'n gallu cynnig cysur i gynulleidfa ddiweddarach. Efallai fod honno'n fwy hyderus ynglŷn â'i ffawd. Gall y dehongliad gynnig gobaith. Wrth ymateb i'r cerddi o safbwynt myth yn hytrach na hanes, y cwestiwn sy'n aros yw nid 'Lle'r oedd y Dref Wen?' neu 'Lle'r oedd Pengwern?' ond 'Lle mae'r Bengwern Newydd?'. Roedd yr athronydd J. R. Jones hefyd yn deall pwysigrwydd cymell gobaith: 'Uwchlaw popeth, na chaniatawn gloi ein meddyliau gan y gred ffatalistig fod Hanes eisoes wedi setlo ein tynged – fod Prydeindod o'r diwedd wedi llwyddo i'n lladd.'[6]

Roedd yn aml yn dyfynnu o gerddi T. Gwynn Jones yn ei weithiau a bu hynny hefyd yn symbyliad i genedlaetholwyr diwylliannol i droi eto at gerddi'r bardd – at 'Argoed', 'Ymadawiad Arthur', Anatiomaros', 'Gwlad y Bryniau' a 'Cynddilig' – ac ailymweld â'r Hengerdd a hanes y Brythoniaid cynnar.

Cadw hunaniaeth

Yr un mor gyffrous ag ymweliad â pharc antur y Gelli Gyffwrdd ydi gweld y neuadd ffrâm dderw ysblennydd yno a chael profiad o ail-greu treftadaeth o fewn ffiniau newydd.

Yn englynion colli'r Dref Wen a llosgi Pengwern, a lladd Gwên a Chynddylan a'i frodyr i gyd, rydym yn dod i ddeall beth sydd wedi digwydd inni. Wrth wneud hynny, rydym

[4] Simone Weil, 'A Medieval Epic Poem', *Selected Essays, 1934–1943*, Oxford University Press, 1962, t. 42

[5] Joseph Campbell, *The Masks of God: Creative Mythology*, Viking Press, 1968

[6] J. R. Jones, *Gwaedd yng Nghymru*, Cyhoeddiadau Modern Cymreig, 1970, tt. 54–5

yn 'magu ewyllys,' medd J. R. Jones, i fod yr hyn ydym ac
i fynnu dyfodol haeddiannol i ni'n hunain fel pobl. Mae'n
dyfynnu'r Aelod Seneddol SNP Winifred Ewing ar faes Brwydr
Bannockburn, 'Battles are never won by brain-washed men'.[7]
Mae'r frwydr i gadw treftadaeth ynddi'i hun yn creu egni sy'n
adnewyddu'r dreftadaeth honno. Mae gweithredu yn creu
gobaith am mai gweithred ydi gobaith yn ei hanfod.

Yn ein dyddiau ni, fel yn y seithfed a'r nawfed ganrif,
rydym yn rhannu'r un dreftadaeth mewn gwladwriaeth
newydd sy'n cael ei sefydlu gan bobl Cymru ar dir Cymru.
Yn y cyd-destun hwnnw, mae galw eto am wneud mwy i
warchod yr ardaloedd hynny lle mae'r Gymraeg yn parhau
i fod yn iaith y rhan fwyaf o weithgarwch y gymdogaeth.
Gwarchod, a hefyd hyrwyddo a hwyluso'r ffordd i ehangu'r
defnydd a wneir ohoni.

O boptu Clawdd Offa, mae cadw hunaniaeth a hanes wedi
atal un genedl fechan rhag cael ei llyncu gan ymerodraeth
fawr, ganoledig ar hyd y canrifoedd. Dyna sut y mae o hyd.
Heddiw mae rhan o'r ffin wleidyddol rhwng Cymru a Lloegr
yn gadael glannau afon Ceiriog yng nghoed Glanyrafon, yn
dilyn ffordd gul ger Llanfarthin am ychydig ac yna'n dilyn
cwrs afon Morlas yn ôl at afon Ceiriog. Cyn cyrraedd y cymer,
mae'r ffin yn croesi Rhyd Forlas. Yno, yn ôl yr hen englynion,
y safodd Llywarch a Gwên yn gwarchod eu tir. Canwyd yr
englynion hynny tua 850. Rydym ninnau yno o hyd yn
2015. Nid yw'r ffin wedi symud ers amser cyfansoddi'r
hen englynion. Mae honno'n ffaith ryfeddol ac yn un
sy'n werth ei hystyried wrth gofio am y colledion eraill
a gafwyd ar y daith.

Mae ambell gwestiwn yn dal i rygnu. Pam y cafodd enwau arwyr o'r Hen Ogledd eu trawsblannu i'r Hen Bowys? Efallai fod hen gof yno am ffoaduriaid o'r Hen Ogledd a ddioddefodd dan law cyrchoedd gwŷr Northumbria yn cael nodded Cymry gwastadeddau Caer a swydd Amwythig ar ddechrau'r seithfed ganrif.

Os yw tystiolaeth yr enwau lleoedd Sacsonaidd niferus yn swydd Amwythig yn awgrymu newid sylweddol yn y boblogaeth, i ble'r aeth yr hen Gymry o'r mannau hynny wedi cwymp Pengwern? Roedd llannau'r hen seintiau wedi'u sefydlu eisoes yn nyffrynnoedd y gogledd-ddwyrain – Llanarmon Dyffryn Ceiriog, Llanrhaeadr-ym-Mochnant, Llanerfyl, Llangadfan, Llangynog. Ai dyma'r adeg yr arloeswyd tiroedd yn rhai o gymoedd pellaf y Berwyn i anheddu'r ffoaduriaid o'r Hen Bowys? Ai yng Nghwm Llywarch, Cwm Llawenog, Cwm Hirnant a Chwm Nant yr Eira a'u tebyg y sefydlwyd y 'Bengwern newydd'? Yn eu mysg, mae'n bosib, yr oedd ffoaduriaid oedd wedi colli'u treftadaeth ddwywaith mewn dwy genhedlaeth. Nid mater o 'ailgodi'r to', ond gwneud hynny am yr eilwaith.

Mae hirhoedledd a gwytnwch y diwylliant a'r iaith Gymraeg mewn ardaloedd mor agos at Glawdd Offa yn y gogledd-ddwyrain yn destun rhyfeddod ac wedi bod yn ddeunydd dathlu mewn dwy brifwyl ym Meifod yn y ganrif hon. Mae Cymreictod dyffrynnoedd Ceiriog, Efyrnwy, Banwy a'u hisafonydd wedi rhoi gwerin Eisteddfod Powys

---

[7] J. R. Jones, 'Ni fyn y taeog mo'i ryddhau', t. 5, Cyfres Ddigidol y Coleg Cymraeg Cenedlaethol, 2013, yn seiliedig ar yr argraffiad gwreiddiol, 1968

a thraddodiad y 'canu plygien' inni; Plethyn, Parti Cut Lloi
a Chwmni Theatr Maldwyn; aelwydydd bywiog yr Urdd,
timau talwrn afieithus a gŵyl werin y Cian Offis.

Nid yw'n anodd, wrth daflu cip yn ôl dros ysgwyddau'r
canrifoedd, inni edrych ar gylchoedd englynion Llywarch
Hen a Heledd fel marwnad i diroedd coll y Cymry yn sir Gaer
a swydd Amwythig. Ond y maent hefyd yn hawlio'r ewyllys
i barhau a brofwyd yn y dyffrynnoedd hyn i'r gorllewin o'r
Clawdd. Yma y bu'r colledion trymaf o bosib, ond dyma ardal
gadarnaf y Gymraeg yn nhiroedd y Gororau hyd heddiw.

Pennill gan 'Llawenog', y bardd Henry Hughes o Gwm
Llywarch, yw hwn. Mae'n cyfleu treftadaeth mewn dull
diriaethol ac mae'n ddarlun hefyd o'r cof hir sy'n ymestyn
trwy ganu englynol Llywarch Hen a Heledd.

> 'Nhad a ddwedai, fel o raid,
> Bennill glywsai gan fy nhaid,
> A'r un pennill, pan fo'i angen,
> A ddwedaf innau wrth fy machgen.[8]

---

[8] Henry Thomas Hughes ('Llawenog'), 1932–1997, *Cerddi Henry Hughes*,
cyhoeddwyd gan y teulu, 2011, t. 95

'Pengwern Road'

Mae enw Pengwern i'w weld yn Amwythig heddiw. Nodwyd gan rai
ei bod hi'n annhebygol mai enw arall am Amwythig yw Pengwern, gan
fod un enw yn ddigon. Gallasai Pengwern fod yn enw ar ran gaerog o'r
dref, ar greigle uwch yr afon. Yn ôl yr arbenigwr enwau lleoedd Richard
Morgan, 'lle caerog wedi'i amddiffyn' yw ystyr 'amwyth' ac mae'n
ddarlun hefyd o'r cof hir sy'n ymestyn trwy ganu englynol Llywarch

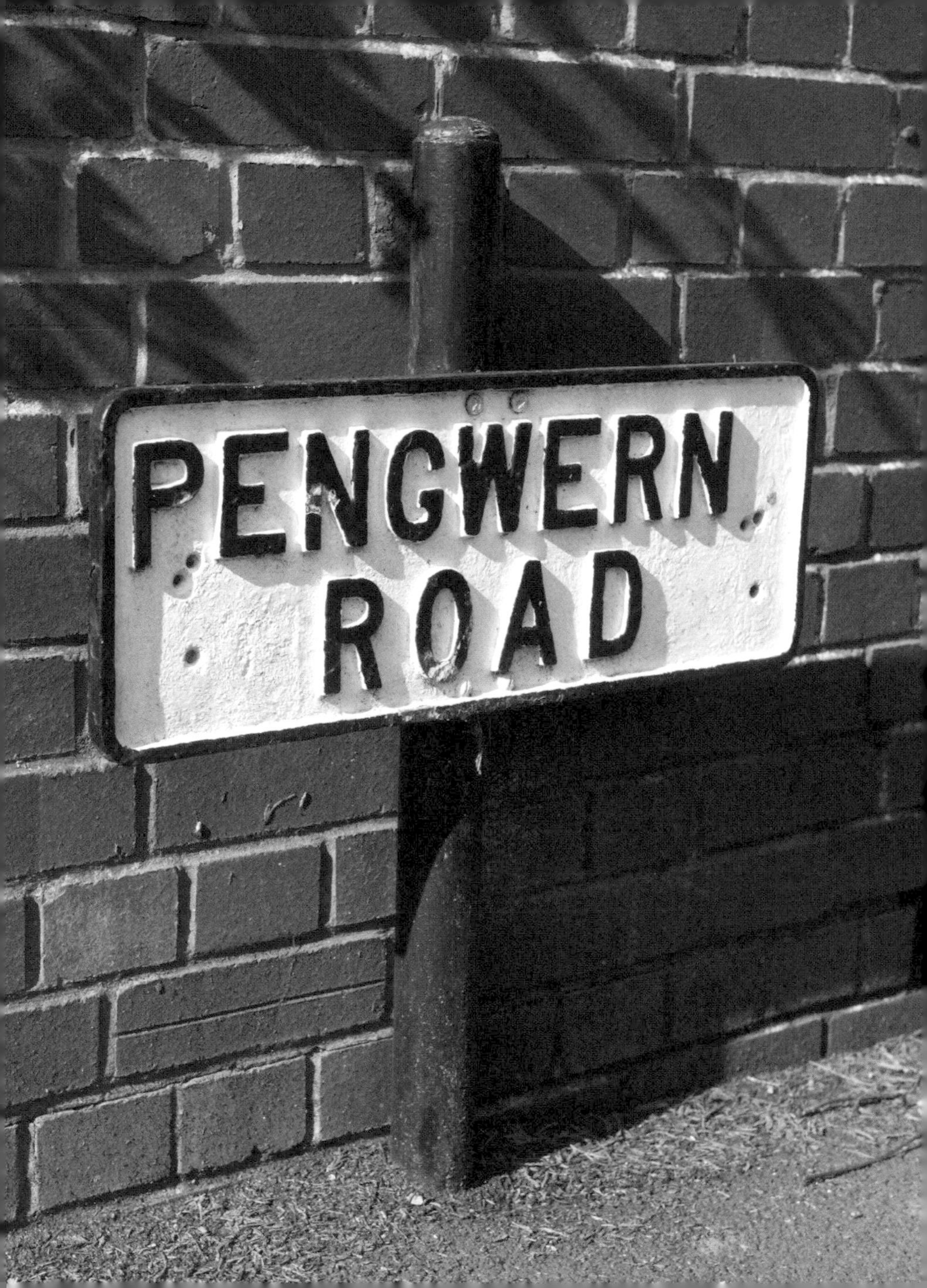
PENGWERN
ROAD

Detholiadau o'r testun

gwreiddiol mewn orgraff

ddiweddar, ynghyd

â diweddariadau

gan Gwyn Thomas.

Canu Llywarch Hen

Canu Heledd

Canu Llywarch Hen

Gwên ap Llywarch a'i Dad

LLYWARCH   Tenau fy ysgwyd ar aswy fy nhu,
                   Cyd bwyf hen, as gallaf.
                   Ar Rodwydd Forlas gwyliaf.

GWÊN   Na wisg wedi cwyn: na fid frwyn dy fryd.
                   Llym awel; chwerw gwenwyn.
                   Amgyhudd fy mam mab it wyf.
                   [Neu'm cyhudd fy mam, mab it wyf.]

LLYWARCH   Neud adwen ar fy awen
                   Ein hanfod o un achen.
                   Trigwyd orig elwig, A Wên!

GWÊN   Llym fy mhâr, llachar yng ngryd.
                   Arma-af i wyliaw rhyd.
                   Cyn nid angwyf, Duw gennyd!

LLYWARCH   O diengydd, a'th welif.
                   O'th ryleddir, a'th gwynif.
                   Na choll wyneb gŵr ar gnif.

GWÊN   Ni chollaf dy wyneb, trin woseb ŵr.
                   Pan wisg glew i'r ystre
                   Porthaf gnif cyn mudif lle.

LLYWARCH   Rhedegawg ton ar hyd traeth.
                   Ech adaf torrid arfaeth.
                   Cad angdo, gnawd ffo ar ffraeth.

Gwên ap Llywarch a'i Dad

LLYWARCH Tenau yw 'nharian ar fy ochor chwith.
Er 'mod i'n hen, rwy'n ei medru hi;
Fe gadwaf wyliadwraeth ar Rodwydd Forlas.

GWÊN Paid ti ag ymarfogi ar ôl gwledd; paid â bod
yn drist dy fryd.
Llym ydyw'r awel, [a] chwerw yw gwenwyn.
Dywed fy mam mai mab iti wyf.

LLYWARCH Fe deimlaf wrth fy nghyffro
Ein bod ni o'r un teulu.
Fe gedwaist [draw] am amser maith, O Wên!

GWÊN Llym yw fy ngwaywffon, [a] llachar
mewn brwydyr;
Bwriadaf wylio ar y rhyd.
Er na ddihangaf fi, boed Duw gyda thi!

LLYWARCH Os dihengi di, fe'th welaf.
Os lleddir di, amdanat fe gwynaf.
Paid ti â cholli wyneb rhyfelwr mewn brwydyr.
[colli wyneb = colli anrhydedd]

GWÊN Ni chollaf fi dy wyneb, y gŵr parod i frwydro.
Pan ymarfoga'r glew [ar gyfer] y ffin,
Dioddefaf fi galedi cyn y mudaf o['m] lle.

LLYWARCH Rhedeg y mae ton ar hyd y traeth.
Maes o law fe dorri di d'arfaeth!
Dan gysgod brwydro, arferol i'r ffraeth ydyw ffoi.

GWÊN	Ysid im a lafarwyf:
	Briwaw pelydyr parth y bwyf,
	Ni lafaraf na ffowyf.

LLYWARCH	Meddal mignedd; caled rhiw;
	Rhag carn cann tâl glan a friw:
	Addewid ni wneler ni ddiw.

GWÊN	Gwasgarawd naint am glawdd caer:
	A minnau arma-af
	Ysgwyd brwyd briw cyn techaf.

LLYWARCH	Y corn a'th roddes di Urien
	A'i arwest aur am ei ên –
	Chwyth ynddaw, o'th daw angen.

GWÊN	Er ergryd angen rhag angwyr Lloegyr
	Ni lygraf fym mawredd:
	Ni ddihunaf rianedd.

LLYWARCH	Tra fûm i yn oed y gwas draw
	A wisg o aur ei oddew,
	Byddai re rhuthrwn i wayw.

GWÊN	Diau diwair dy wäes:
	Ti yn fyw a'th dyst ry las!
	Ni bu eiddil hen yn was.

Marwnad Gwên

LLYWARCH	Gwên wrth Lawen yd wylas neithwyr,
	Cad gaddug ni thechas,
	Oer adrawdd, ar glawdd gorlas.

GWÊN   Mae gen i rywbeth i'w ddywedyd:
            [Os bydd] malu gwaywffyn lle digwyddaf fi fod,
            Ni ddywedaf fi na fydd imi ffoi.

LLYWARCH   Meddal yw corsydd, [a] chaled yw rhiw;
            O flaen carn [ceffyl] gwyn ochor glan fydd yn friw:
            Addewid na chedwir nid yw hi o werth.

GWÊN   Gwasgar wna nentydd am gloddiau caer:
            A minnau a fwriadaf
            Fod â tharian doredig, faluriedig cyn y ciliaf.

LLYWARCH   Y corn a roes Urien iti,
            A'i linyn aur am ei ên,
            Chwytha di ynddo os daw arnat angen.

GWÊN   Er arswyd caledi rhag rhyfelwyr Lloegyr
            Ni lygraf fi fy mawredd:
            Ni ddihunaf fi rianedd.

LLYWARCH   Pan oeddwn i yn oedran y llanc draw acw
            Sy'n gwisgo aur sbardunau,
            Yn chwim y rhuthrwn i at waywffon.

GWÊN   Di-au fod dy eiriau di'n wir!
            Byw wyt ti, a'th dyst wedi'i ladd!
            Ni fu yn eiddil un hen ŵr pan oedd yn llanc!

Marwnad Gwên

(Y mae'n amlwg fod Gwên wedi mynd i amddiffyn y ffin, a'i fod
wedi cael ei ladd. Dyma eiriau ei dad ar ei ôl.)

LLYWARCH   Gwên wrth Lawen a wyliodd neithiwr,
                            [Llawen = afon]
            Ym mwrllwch brwydyr, ni chiliodd
            (Oer ydyw adrodd) ar glawdd gorlas.

Gwên wrth Lawen yd wylwys neithwyr
A'r ysgwyd ar ei ysgwydd;
Can bu mab i mi bu hywydd.

Gwên wrth Lawen yd wyli-is neithwyr
A'r ysgwyd ar ei gnis;
Can bu mab i mi nid engis.

Gwên gwgydd gochawdd fy mryd,
Dy leas ys mawr;
Casnar, nid câr, a'th laddawr.

Gwên forddwyd tyllfras a wylias neithwyr
Yng ngoror Rhyd Forlas;
Can bu mab i mi ni thechas.

Gwên, gwyddwn dy eisyllud,
Rhuthyr eryr yn ebyr oeddyt;
Betwn dedwydd dihangyt.

Ton tyrfid, töid erfid
Pan ânt cynfrain yng ngofid;
Gwên, gwae ryhen o'th edlid.

Ton tyrfid, töid aches
Pan ânt cynfrain i'w neges;
Gwên, gwae ryhen ry'th golles.

Oedd gŵr fy mab, oedd disgywen hawl,
Ac oedd nai i Urien:
Ar Ryd Forlas y llas Gwên.

(Prenial dywal gal ysgwn,
Gorug ar Loegyr lu cyngrwn:
Bedd Gwên fab Llywarch Hen hwn.)

Gwên wrth Lawen a wyliodd neithiwr
A'r darian ar ei ysgwydd:
Gan ei fod yn fab i mi, bu o yn barod.

Gwên wrth Lawen a wyliodd neithiwr
A'r darian dros ei wyneb:
Gan ei fod yn fab i mi, ni ddihangodd.

Gwên yr ymladdwr! Trist [iawn] yw fy mryd;
Roedd dy ladd di [i mi] yn beth mawr:
Casnar, nid câr, a'th laddodd.
 [Casnar = enw rhywun *neu* arglwydd gelyniaethus]

Gwên, bras ei fforddwyd, a wyliodd neithiwr
Ar ochor Rhyd Forlas:
Gan ei fod yn fab i mi, ni chiliodd.

Gwên, gwyddwn i beth ydoedd dy natur –
[Un o] ruthr eryr mewn aberoedd oeddet ti:
Petawn i yn un dedwydd dihanget.

Terfysga'r don; daw'r llanw dros y tir
Pan ânt hwy, ryfelwyr, i frwydyr:
Gwên, gwae yr hen iawn gan ei dristwch.

Terfysga'r don; daw'r llanw dros y tir
Pan ânt hwy, ryfelwyr, i ymosod:
Gwên, gwae yr hen iawn sydd wedi dy golli.

Rhyfelwr oedd fy mab, un dygyn dros ei hawl,
Ac yr oedd yn nai i Urien:
Ar Ryd Forlas y lladdwyd Gwên.

(Un ffyrnig mewn ymdaro gwaywffyn,
                    efô o ddewrder ystyfnig,
Dug o ar Loegyr lu cryno:
Bedd Gwên fab Llywarch Hen ydyw hwn.)

Pedwarmeib ar hugaint a'm bu,
Eurdorchawg, tywysawg llu;
Oedd Gwên gorau onaddu.

Pedwarmeib ar hugaint a'm bwyad,
Eurdorchawg, tywysawg cad;
Oedd Gwên gorau mab i'w dad.

Pedwarmeib ar hugaint a'm bwy-yn,
Eurdorchawg, tywysawg unbyn –
Wrth Wên, gweisionain oeddyn.

Pedwarmeib ar hugaint yng nghenfaint Lywarch
O wŷr glew galwythaint;
Tw[y]ll yw dyfod clod tramaint.

Pedwarmeib ar hugaint o feithiaint fy nghnawd,
Drwy fyn nhafawd lleddesaint:
Da dyfod fychod – colledaint.

Cân yr Henwr

Cyn bûm cein faglawg, bûm cyffes eiriawg;
Ceinmygir fy eres.
Gwŷr Argoed eirioed a'm porthes.

Cyn bûm cein faglawg, bûm hy;
A'm cynhwysid yng nghyfyrdy
Powys, paradwys Gymru.

Cyn bûm cein faglawg, bûm eirian;
Oedd cynwayw fy mhâr, oedd cynwan:
Wyf cefyngrwm, wyf trwm, wyf truan.

Baglan bren, neud cynhaeaf;
Rhudd rhedyn, melyn calaf:
Neur digerais a garaf.

Pedwar mab ar hugain imi a fu,
Eurdorchog [rai] yn tywys llu:
Gwên oedd y gorau ohonynt.

Pedawr mab ar hugain imi a fu,
Eurdorchog [rai] yn arwain i gad:
Gwên oedd y mab gorau un i'w dad.

Pedwar mab ar hugain imi a fu,
Eurdorchog [rai] yn tywys penaethiaid:
O'u cymharu â Gwên, hogiau bach oeddynt hwy!

Pedwar mab ar hugain yn nheulu Llywarch
O wŷr glew, rhai ffyrnig mewn brwydyr:
Twyll ydyw dyfod gormod o glod.

Pedwar mab ar hugain o fagwraeth fy nghnawd –
Oherwydd fy nhafod y cawsant eu lladd:
Da ydyw dod ychydig o glod; fe'u collwyd hwy i gyd.

Cân yr Henwr

Cyn bod fy nghefn fel bagal ffon,
        fe fûm i'n barod [iawn] fy nhafod:
Edmygir fy *nghampau*;
Gwŷr Argoed erioed a'm noddasant.

Cyn bod fy nghefn fel bagal ffon, bûm hy,
Croesewid fi yng nghhyntedd-dy
Powys, paradwys Cymru.

Cyn bod fy nghefn fel bagal ffon, bûm hardd;
Roedd fy ngwaywffon ar y blaen, yn y gwanu cyntaf:
Rwyf yn gefngrwm, yn drwm, yn druan.

Ffon fagal bren, mae hi'n gynhaeaf;
Coch ydyw'r rhedyn, a melyn yw'r gwellt:
Gwrthodedig ydyw'r [pethau] a garaf.

Baglan bren, neud gaeaf hyn;
Yd fydd llafar gwŷr ar llyn:
Neud diannerch fy erchwyn.

Baglan bren, neud gwaeanwyn,
Rhudd cogau, golau yng nghwyn:
Wyf digarad gan forwyn.

Baglan bren, neud cyntefin;
Neud rhudd rhych, neud crych egin:
Edlid im edrych i'th ylfin.

Baglan bren, gangen nodawg,
Cynhelych hen, hiraethawg;
Llywarch lleferydd fodawg.

Baglan bren, gangen galed,
A'm cynnwys i, Duw diffred;
Elwir pren cywir cynired.

Baglan bren, bid ystywell,
A'm cynhelych a fo gwell;
Neud wyf Lywarch lafar pell.

Cymŵedd y mae henaint
Â mi o'm gwallt i'm daint,
A'r clöyn a gerynt yr ieuainc.

Y mae henaint yn cymŵedd
Â mi o'm gwallt i'm dannedd,
A'r clöyn a gerynt y gwragedd.

Dyrwen gwynt, gwyn gne godre
Gwŷdd, dewr hydd, diwlydd bre:
Eiddil hen, hwyr ei ddyre.

Ffon fagal bren, mae hyn yn aeaf;
Siaradus fydd gwŷr uwchben [eu] diod:
Diannerch ydyw erchwyn [fy ngwely].

Ffon fagal bren, y mae hi'n wanwyn;
Coch yw wynebau'r cogyddion,
                    mae golau mewn gwledd:
Gwrthodedig ydwyf fi gan forwyn[ion].

Ffon fagal bren, mae hi'n haf cynnar,
Mae'r rhychau yn rhudd, a chrych ydyw'r egin;
Trist ydyw i mi edrych ar dy ylfin.
        [gylfin = gwddf y ffon]

Ffon fagal bren, gynefin gangen,
Cynhalia di un hen, hiraethus:
Llywarch, y cyson-siaradus.

Ffon fagal bren, gangen gadarn,
Yr hwn a ddyry imi groeso, cadwed Duw o:
[Fe'th] elwir di'n ffon sy'n ffyddlon gyd-deithio.

Ffon fagal bren, bydd di'n *ddiysgog*,
Cynhalia fi mewn modd sydd well:
Fi ydyw Llywarch hir ei leferydd.

Gwatwar y mae henaint
Â mi o'm gwallt i'm daint,
A'r glicied honno a garai'r rhai ieuainc.

Y mae henaint yn gwatwar
Â mi o'm gwallt i'm dannedd,
A'r glicied honno a garai y gwragedd.

Bywiog ydyw'r gwynt, gwyn yw lliw godre
Y coed; hy ydyw'r hydd; [a] chaled y bryn:
Eiddil yw'r hen, yn ara' y symuda.

Y ddeilen hon, neus cynired gwynt;
Gwae hi o'i thynged:
Hi hen, eleni y'i ganed.

A gerais er yn was ysy gas gennyf –
Merch, estrawn, a march glas;
Neud nad mi eu cyfaddas.

Fy(m) mhedwar prif gas eirmoed
Ymgyferynt yn unoed,
Pas a henaint, haint a hoed.

Wyf hen, wyf unig, wyf annelwig oer;
Gwedi gwely ceinmyg
Wyf truan, wyf tri dyblyg.

Wyf tridyblyg hen, wyf anwadal drud,
Wyf ehud, wyf anwar;
Y sawl a'm carawdd, ni'm câr.

Ni'm câr rhianedd, ni'm cynired neb,
Ni allaf ddarymred;
Wi a angau, na'm dygred.

Ni'm dygred na hun na hoen
Gwedi lleas Llawr a Gwên.
Wyf anwar abar, wyf hen.

Truan a dynged a dynged i Lywarch
Er y nos y'i ganed –
Hir gnif heb esgor lludded.

Y ddeilen hon, y mae'r gwynt yn ei chwyrlïo,
Gwae hi oherwydd ei thynged!
Mae hi'n hen – eleni y'i ganed.

Yr hyn a gerais er yn llanc sydd yn gas gennyf –
Merch, estron, a march glas:
Nid ydynt i mi [yn awr] yn gyfaddas.

Fy mhedwar prif beth cas erioed
A ddaethant ynghyd, a hynny'r un pryd –
Pas a henaint, haint a hiraeth.

Yr wyf yn hen, yr wyf yn unig, yr wyf yn oer ryfeddaf
Ar ôl gwely anrhydeddus:
Yr wyf yn druan, rwy'n dri-dwbwl.

Yr wyf yn dri-dwbwl, hen, yn ffôl [ac yn] anwadal,
Yr wyf yn ynfyd, rwyf yn anwar:
Y sawl a'm carodd i, ni'm câr.

Ni châr gwragedd fi, ni ddaw neb i fy ngweld;
Ni allaf fi symud o gwmpas:
A! O angau, ni ddaw [hwnnw] ataf!

Ataf ni ddaw na chwsg na llawenydd
Wedi lladd Llawr a Gwên:
Rwy'n gorffyn anwar, rwyf fi'n hen.

Tynged druan a dyngwyd i Lywarch
Er y nos y'i ganed:
Llafur hir, heb fwrw lludded.

Canu Heledd

Cynddylan

Sefwch allan, forynion, a syllwch
            Gynddylan werydre.
Llys Bengwern, neud tandde.
Gwae ieuainc a eiddun *brodre / frodre*.

Un pren yng ngwyddfid a gofid arnaw –
O diainc, ys odid.
Ac a fynno Duw, derffid.

Cynddylan, calon iäen gaeaf
A want twrch trwy ei ben:
Cu a roddaist er cwrwf Trenn.

Cynddylan, calon goddaith wanwyn,
O gyflwyn am gyfiaith
Yn amwyn Trenn, tref ddiffaith.

Cynddylan, befyrbost cywlad,
Cadwynawg, cildyniawg cad;
Amugsai Trenn, tref ei dad.

Cynddylan, befyrbwyll ofri,
Cadwynawg, cyndyniawg llu;
Amugsai Trenn hyd tra fu.

Cynddylan, calon milgi,
Pan ddisgynnai yng nghymhelri
Cad, calanedd a leddi.

Cynddylan

Sefwch allan, forynion, a syllwch
                   ar wlad Cynddylan.
Mae llys Penwgern yn wenfflam –
Gwae yr ifanc sy'n dymuno cael *clogyn*.

Un pren mewn coed a gofid arno –
Eithriad fydd hi os dihengith o:
A fynno Duw – fe ddigwydd hynny.

Cynddylan, galon iâ y gaeaf,
A wanodd dwrch trwy ei ben:
Yn ddrud y telaist ti am gwrw Trenn.

Cynddylan, galon goddaith gwanwyn;
Rhodd [oeddet ti] i rai o'r un iaith
Yn amddiffyn Trenn, tref ddiffaith.

Cynddylan, biler disglair gwlad y goror,
Gwisgwr cadwyn, un cyndyn mewn cad;
Amddiffynasai o Drenn, tref ei dad.

Cynddylan, ddisglair ei feddwl [a] doeth,
Gwisgwr cadwyn, un cyndyn y llu;
Amddiffynasai o Drenn hyd tra fu.

Cynddylan, galon milgi,
Pan ymosodai o yng nghyffro
Cad, fe greai o gelanedd.

Cynddylan, calon hebawg,
Bydair enwir gynddeiriawg,
Cenau Cyndrwyn, cyndyniawg.

Cynddylan, calon gŵydd-hwch,
Pan ddisgynnai ym mhriffwch
Cad, calanedd yn ddeudrwch.

Cynddylan, Gulhwch gynifiad llew,
Blaidd-ddilyn ddisgyniad,
Nid adfer twrch tref / dref ei dad.

Cynddylan, hyd tra adad ydd adai / *dyadai*
Ei galon mor wylad
Ganthaw mal yng nghwrwf yng nghad.

Cynddylan Powys, borffor wychydd,
Cell esbyd, bywyd iôr,
Cenau Cyndrwyn cwynidor.

Cynddylan Wyn fab Cyndrwyn,
Ni mad wisg baraf am ei drwyn
Gŵr ni bo gwell no morwyn.

Cynddylan, cymwyad wyd,
Arfeithyd na fyddyd lwyd;
Am Ddeubwll, twll dy ysgwyd.

Cynddylan, cae di y rhiw
Yn y daw Lloegyrwys heddiw:
Amgeledd am un ni ddiw.

Cynddylan, cae di y nen
Yn y daw Lloegyrwys drwy Drenn:
Ni elwir coed o un pren.

Can fyng nghalon i mor dru
Cysyllu i ystyllod du, gwyn / wyn / gnawd
Cynddylan, cyngran canllu.

Cynddylan, galon hebog,
Aderyn ysglyfaethus, [*un*] *ffyddlon, cynddeiriog;*
Cenau Cyndrwyn, [un tra] chyndyn.

Cynddylan, galon baedd gwyllt;
Pan ymosodai o ym mhrif gyrch
Brwydyr, byddai celanedd yn ddeudrwch!

Cynddylan, milwr fel Culhwch, llew,
Blaidd-ddilyn ymosodwr:
Ni ddychwel y baedd i dref ei dad.

Cynddylan, *hyd tra'i gadawyd, a yrrai*
Ymaith y gelyn. Mor llawen [*d.* calon]
Ganddo – fel ei gwrw – y gad.

Cynddylan Powys, gwych yn dy borffor,
Cell i ymwelwyr, un yn byw fel arglwydd.
Cenau Cyndrwyn, galerir amdano.

Cynddylan Wynn fab Cyndrwyn;
Nid da iddo wisgo barf am ei drwyn
Ŵr nad ydyw'n well na morwyn.

Cynddylan, un rhyfelgar wyt ti,
Dy fwriad di yw na fyddi di'n llwyd. [llwyd = hen]
O gwmpas Trebwll roedd dy darian di'n dyllog.

Cynddylan, caea di y rhiw
Lle y daw gwŷr Lloegyr heddiw:
Gofal am un dyn nid yw hynny o fudd.

Cynddylan, caea di y fan
Lle y daw gwŷr Lloegyr trwy Drenn:
Ni elwir hynny'n 'goed' nad yw ond un pren.

Mor druenus gan fy nghalon i
Gysylltu i ystyllod du, wyn gnawd
Cynddylan, pennaeth canllu.

Stafell Gynddylan

Stafell Gynddylan, ys tywyll heno,
Heb dân, heb wely;
Wylaf wers, tawaf wedy.

Stafell Gynddylan, ys tywyll heno,
Heb dân, heb gannwyll;
Namyn Duw, pwy a'm dyry pwyll / bwyll?

Stafell Gynddylan, ys tywyll heno,
Heb dân, heb oleuad;
Edlid a'm daw amdanad.

Stafell Gynddylan, ys tywyll ei nen
Gwedi gwen gyweithydd;
Gwae ni wna da / dda a'i dyfydd.

Stafell Gynddylan, neud athwyd heb wedd,
Mae ym medd dy ysgwyd:
Hyd tra fu, ni bu dollglwyd.

Stafell Gynddylan, ys digarad heno
Gwedi yr neb pieuad:
Wi a angau, byr y'm gad?

Stafell Gynddylan, nid esmwyth heno,
Ar ben carreg hydwyth
Heb nêr, heb nifer, heb amwyth.

Stafell Gynddylan, ys tywyll heno,
Heb dân, heb gerddau;
Dygystudd deurudd dagrau.

Stafell Gynddylan, ys tywyll heno,
Heb dân, heb deulu;
Hidyl fyn neigyr men yd gynnu.

Stafell Gynddylan

Stafell Gynddylan, ys tywyll heno,
Heb dân, heb wely:
Wylaf dro, tawaf wedyn.

Stafell Gynddylan, ys tywyll heno,
Heb dân, heb gannwyll:
Ar wahân i Dduw, pwy a'm ceidw'n llawn bwyll?

Stafell Gynddylan, ys tywyll heno,
Heb dân [a] heb olau:
Hiraeth a ddaw imi amdanat.

Stafell Gynddylan, ys tywyll ei tho,
Ar ôl y deg gymdeithas:
Gwae'r sawl ni wna'r da a ddaw iddo.

Stafell Gynddylan, aethost ti yn ddi-raen,
Mae dy darian di mewn bedd;
Hyd tra bu o, ni fu un yn ddrylliedig.

Stafell Gynddylan sy wedi ei gadael heno
Ar ôl y sawl oedd biau hi:
A! angau, pam y mae o'n fy ngadael ar ôl?

Stafell Gynddylan, nid yw'n esmwyth heno
Ar ben craig gadarn
Heb arglwydd, heb fyddin, heb amddiffyn.

Stafell Gynddylan, ys tywyll heno,
Heb dân, heb ganeuon:
Mae dagrau yn treulio fy ngruddiau.

Stafell Gynddylan, ys tywyll heno,
Heb dân, heb lu'r tŷ:
Hidl fy nagrau [yma], lle y cwympa.

Stafell Gynddylan, a'm gwân ei gweled,
Heb döed, heb dân:
Marw fy nglyw; byw fy hunan.

Stafell Gynddylan, ys peithawg heno,
Gwedi cedwyr bodawg:
Elfan, Cynddylan, Caeawg.

Stafell Gynddylan, ys oergrai heno,
Gwedi yr parch a'm buai,
Heb wŷr, heb wragedd a'i cadwai.

Stafell Gynddylan, ys araf heno,
Gwedi colli ei hynaf:
Y mawr drugarawg Dduw, pa wnaf?

Stafell Gynddylan, ys tywyll ei nen,
Gwedi difa o Loegyrwys
Gynddylan ac Elfan Powys.

Stafell Gynddylan, ys tywyll heno,
O blant Cyndrwynyn,
Cynon, a Gwiawn, a Gwyn.

Stafell Gynddylan, a'm erwan bob awr,
Gwedi mawr ymgyfyrddan
A welais ar dy bentan.

Y Dref Wen

Y dref wen ym mron y coed,
Ysef yw ei hefras eirioed –
Ar wyneb ei gwellt ei gwaed.

Y dref wen yn ei thymyr,
Ei hefras – ei glas fyfyr,
Ei gwaed a dan draed ei gwŷr.

Stafell Gynddylan, mae'n fy ngwanu i'w gweled
Heb do [a] heb dân:
Fy arglwydd yn farw, minnau'n fyw fy hunan.

Stafell Gynddylan sy'n ddiffaith heno
Ar ôl y milwyr dibynadwy:
Elfan, Cynddylan, Caeog.

Stafell Gynddylan sy'n oer a thrist heno
Ar ôl y parch a fu imi,
Heb y gwŷr, heb y gwragedd a'i cadwai.

Stafell Gynddylan sy'n dawel [iawn] heno
Wedi colli ei harglwydd:
Y mawr drugarog Dduw, pa beth a wnaf?

Stafell Gynddylan, ys tywyll ei tho
Ar ôl i ryfelwyr Lloegyr ddifa
Cynddylan, ac Elfan Powys.

Stafell Gynddylan, ys tywyll heno
[Ar ôl] plant Cyndrwyn:
Cynon, a Gwion, a Gwyn.

Stafell Gynddylan – mae'n fy ngwanu i bob awr
Wedi'r mawr ymgynnull a'r ymddiddan
A welais o gwmpas dy bentan.

Y Dref Wen

Y dref wen ym mron y coed:
Yr hyn ydyw ei harfer erioed –
Ar wyneb ei gwellt, ei gwaed.

Y dref wen yn ei bro:
Ei harfer hi ydyw *glas feddau*,
Ei gwaed o dan draed ei gwŷr.

Y dref wen yn y dyffrynt,
Llawen y bydair wrth gyfamrudd cad:
Ei gwerin – neur dderynt.

Y dref wen rhwng Trenn a Throdwydd,
Oedd gnodach ysgwyd donn yn dyfod o gad
Nogyd ych y[n] echwydd.

Y dref wen rhwng Trenn a Thrafal,
Oedd gnodach ei gwaed ar wyneb ei gwellt
Nog eredig braenar.

Nodiadau

Mewn rhai achosion, yn ramadegol, y mae angen treiglad;
ond fe ddichon na threiglid er mwyn cyseinedd. Sylwer
mai mewn rhai enghreifftiau yn unig y dynodir y dewis,
fel hyn: pwyll (didreiglad) / bwyll / (dynodi treiglad).

Mae'r testun sydd wedi'i italeiddio yn dynodi bod
ansicrwydd wrth ddehongli'r llawysgrif wreiddiol.

Y dref wen yn y dyffryn:
Llawen fyddai y brain gyda dryswch y gad:
Ei phobol 'ddarfuasant.

Y dref wen rhwng Trenn a Throdwydd:
Mwy arferol oedd tarian dyllog yn dod o frwydyr
Nag ych mewn lle i orffwyso.

Y dref wen rhwg Trenn a Thrafal:
Mwy arferol oedd ei gwaed ar wyneb ei gwellt
Nag aredig braenar.

Cydnabyddiaethau

Ffotograffau'r gyfrol gan yr awdur;
delweddau ychwanegol gan y canlynol:

8: Pont y Blew, Map Degwm y Waun (Chirk)
(Casgliad Llyfrgell Genedlaethol Cymru)

17: Hedd Wyn, ©Gwasanaeth Archifau Gwynedd℗

23: Clawr *Y Dref Wen*, Sain, 1977, cynllun y clawr: Malcolm
Slim Williams

42: Caer Ogyrfan ©Hawlfraint y Goron: Comisiwn Brenhinol
Henebion Cymru℗

50: Piler Eliseg, Casgliad Tirlun Cymru, (©Llyfrgell Genedlaethol
Cymru℗)

66: Tudalen 1, Llsgr. Cacrdydd 2.81, ©Llyfrgell Ganolog Caerdydd℗

74: 'Stafell Gynddylan', Llyfr Coch Hergest (atgynhyrchwyd ffolio
121r, Llsgr. Coleg Iesu 111, trwy garedigrwydd Coleg Iesu,
Rhydychen)

76: Llyfr Taliesin, Ffolio 27r, Llsgr. Peniarth 2 (prosiect digiDo,
Llyfrgell Genedlaethol Cymru)

109: *Y Cymro*, 22 Ebrill 1975 (atgynhyrchwyd trwy garedigrwydd
Tindle Newspapers Ltd.)

127: Ffolio 260v, Llyfr Coch Hergest (atgynhyrchwyd ffolio 260v
Llsgr. Coleg Iesu 111

136: *The Shan Van Vocht*, ©Llyfrgell Genedlaethol Iwerddon℗

137: W. B. Yeats, ©Llyfrgell Genedlaethol Iwerddon℗

149: Dic Jones (trwy garedigrwydd Brychan Llŷr)

150–51: Rali Plaid Cymru 1962 – Casgliad Geoff Charles,
©Llyfrgell Genedlaethol Cymru℗ (atgynhyrchwyd trwy
garedigrwydd prosiect digiDo)

158: Gerallt Lloyd Owen, (trwy garedigrwydd Angharad Elen)

161: Waldo Williams – Casgliad Julian Sheppard, ©Llyfrgell
Genedlaethol Cymru℗ (atgynhyrchwyd drwy garedigrwydd
prosiect digiDo)

163: Clawr *Goleuni yn yr Hwyr*, Sain 1156M, cynllun clawr: Jac Jones